EDICIÓN ORIGINAL

Dirección de la colección
Charles-Henri de Boissieu

Dirección editorial
Mathilde Majorel y Thierry Olivaux,
con la colaboración de Marc Dannenhoffer

Diseño gráfico y maquetación
Jean-Yves Grall

Cartografía
Vincent Landrin

Documentación fotográfica
Frédéric Mazuy

Archivos Larousse
Marie Vorobieff

EDICIÓN ESPAÑOLA

Dirección editorial
Núria Lucena Cayuela

Coordinación editorial
Jordi Induráin Pons

Edición
Laura del Barrio Estévez

Traducción
Isabel Lendínez

Cubierta
Francesc Sala

© 2003 LAROUSSE/VUEF
© 2003 SPES EDITORIAL S.L.,
para la versión española

ISBN: 970-22-0876-9 (colección)
ISBN: 970-22-0881-5
Impresión: IME (Baume-les-Dames)

Anne Lefèvre-Balleydier

Mares
y océanos
¿El planeta
líquido?

LAROUSSE

Aribau 197-199 3ª planta
08021 Barcelona

Dinamarca 81
México 06600, D.F.

Valentín Gómez 3530
1191 Buenos Aires

21 Rue du Montparnasse
75298 París Cedex 06

Sumario

Mapas

Prólogo

En la actualidad, los mares y los océanos son un motivo de preocupación para una gran parte de la humanidad. La mitad de la población mundial habita a menos de 150 km de la costa y más de 200 millones de personas viven directamente del mar. Desde siempre, los mares y los océanos han inspirado en el hombre una mezcla de temor, respeto y fascinación. Hoy en día, gran parte del misterio ha desaparecido debido a un mejor conocimiento de los mecanismos que rigen la dinámica de los océanos. Dicho conocimiento ha puesto de manifiesto la gran influencia que tienen los océanos sobre el clima y sobre la distribución de la vida en la Tierra.

La vida se originó en el océano hace más de 3 000 millones de años, y en la actualidad contribuye, en gran medida, a mantenerla. Los océanos constituyen, a la vez, la principal fuente de oxígeno de la atmósfera, una inmensa burbuja de gas carbónico y una reserva de agua mundial (contienen el 99 % del total de agua presente en la superficie del planeta); por ello su influencia es determinante en el desarrollo de todas las especies, incluido el ser humano. Al ser capaces de almacenar mil veces más calor que la atmósfera, desempeñan un papel esencial en la regulación de los climas.

El estudio del fenómeno de El Niño ha permitido conocer la fragilidad del equilibrio de las interacciones entre la atmósfera y los océanos. Cuando los vientos se debilitan frente a las costas de Perú, las corrientes marinas de esta región cambian de sentido, provocando importantes alteraciones meteorológicas en todo el mundo. Por otra parte, la riqueza que albergan los océanos no es inagotable; una cuarta parte de las reservas mundiales de pesca están sobreexplotadas. La creciente contaminación de los océanos y el calentamiento de las aguas oceánicas, en correlación con el de la atmósfera, constituyen también dos problemas acuciantes. Es urgente comenzar a actuar para preservar las riquezas del mar porque el peso económico del conjunto de recursos y de las actividades humanas ligadas a la pesca es enorme: 70 000 millones de dólares por año. Pero, sobre todo, porque está en juego el futuro de la biosfera en su conjunto.

🔍 **El futuro de la pesca,** la más antigua de las actividades humanas relacionadas con el mar, precisa una gestión razonable de las capturas de carácter mundial. Ya que, aunque constantemente mejoran las técnicas de pesca, las reservas de peces son limitadas.

os océanos forman una gigantesca capa de agua líquida que reposa sobre una superficie compuesta por placas tectónicas en movimiento. Cada año, millones de toneladas de sedimentos se depositan en el fondo de los océanos y se acumulan en esa superficie. Con el paso del tiempo, la forma, las dimensiones y el relieve de los océanos evoluciona: se abren unos nuevos mientras otros se cierran. Tampoco el nivel de los océanos es siempre constante. Desde hace un siglo, éste se eleva lenta pero progresivamente. ¿Se trata de una simple oscilación pasajera o es el recalentamiento del planeta?

En Islandia, el relieve del océano Atlántico emerge a la superficie en forma de islas volcánicas.

La estructura de los océanos

El planeta azul

No en vano se denomina a la Tierra «planeta azul». Los océanos y los mares cubren el 71 % de su superficie, es decir, unos 361 millones de kilómetros cuadrados.

Los tres grandes océanos del hemisferio Sur

En nuestro planeta, las reservas de agua se distribuyen de forma desigual. En el hemisferio Sur la proporción de agua es mucho mayor que en el hemisferio Norte: en el primero, el 81 % corresponde a mares y el 19 % a tierras emergidas, mientras que en el segundo existe un 61 % de mares y un 39 % de tierras. Por tanto, se puede hablar de un hemisferio continental, que representa 120 de los 149 millones de km^2 de tierras emergidas, y de otro marítimo, que corresponde, aproximadamente, al 63 % de la superficie total de los océanos.

Las aguas oceánicas forman un conjunto continuo, dividido en tres océanos: Pacífico, Atlántico e Índico. Estos océanos se caracterizan por poseer unas dimensiones considerables tanto en superficie como en profundidad, y por recorrer las orillas de diferentes continentes. Sus aguas forman un anillo marítimo alrededor de la Antártida. El océano Pacífico es el de mayor tamaño: se extiende sobre 180 millones de km^2. Le siguen el océano Atlántico y el océano Índico, que ocupan 106 y 75 millones de km^2, respectivamente.

La Tierra. Imagen del océano Pacífico obtenida por un satélite que muestra su inmensidad.

Los océanos y sus mares

La mayor parte de los mares se comunican con los océanos. Algunos lo hacen directamente, como el mar del Norte (500 000 km^2) o el mar Mediterráneo (2,5 millones de km^2), y otros indirectamente, como el mar Báltico (350 000 km^2) o el mar Negro (400 000 km^2). Sólo en muy pocos casos no existe ninguna conexión entre el mar y el océano, como en el mar de Aral (60 000 km^2). Las masas de agua situadas en los polos tienen un papel fundamental en la circulación oceánica por este motivo se les ha llamado también océanos aunque no respondan estrictamente a esta definición: el océano Ártico, parte polar del Atlántico, cubre 14 millones de km^2, y

Una gran reserva de agua

Por término medio, los océanos tienen una profundidad de 3 800 m. Si se multiplica esta cifra por su superficie, se obtiene un volumen de 1 370 millones de km^3, es decir, casi el 97 % de las reservas de agua del planeta. No obstante, respecto al globo terrestre, los océanos sólo representan una fina capa en su superficie: ocupan solamente 1/800 de su volumen total.

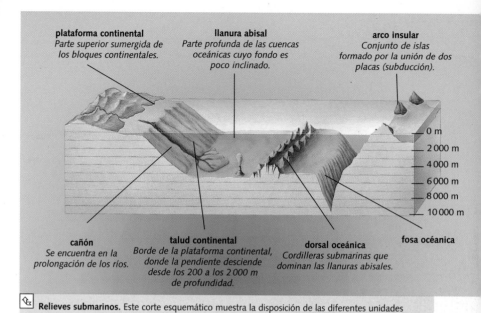

plataforma continental
Parte superior sumergida de los bloques continentales.

llanura abisal
Parte profunda de las cuencas oceánicas cuyo fondo es poco inclinado.

arco insular
Conjunto de islas formado por la unión de dos placas (subducción).

0 m
2 000 m
4 000 m
6 000 m
8 000 m
10 000 m

cañón
Se encuentra en la prolongación de los ríos.

talud continental
Borde de la plataforma continental, donde la pendiente desciende desde los 200 a los 2 000 m de profundidad.

dorsal oceánica
Cordilleras submarinas que dominan las llanuras abisales.

fosa oceánica

Relieves submarinos. Este corte esquemático muestra la disposición de las diferentes unidades topográficas de los fondos submarinos.

el océano Antártico, punto de unión de todos los océanos, tiene una extensión de 77 millones de km².

El perfil de los océanos

Los tres grandes océanos tienen básicamente el mismo perfil. Desde la orilla en dirección mar adentro, se encuentra una zona que constituye una prolongación del continente: es la plataforma continental, con una profundidad que generalmente no supera los 200 m, y una anchura de 50 km. Después, la pendiente se acentúa y desciende hasta los 2 000-3 000 m: es el talud continental, que marca la transición entre la corteza terrestre de los continentes y la de los océanos. A continuación aparece la zona de los grandes fondos oceánicos, que se asemeja a una gran hondonada cuyo centro se hunde hasta los 6 000-7 000 m. En el fondo de esta depresión, recortado por fosas aún más profundas, como la fosa de Perú o la de las islas de Indonesia, existen largas cadenas volcánicas, que forman elevaciones llamadas dorsales. En este nivel, el magma proveniente del manto terrestre, al extenderse sobre el fondo y enfriarse, forma constantemente nueva corteza oceánica.

Mapa *(páginas siguientes)*

Los océanos se extienden sobre una superficie rocosa formada por placas litosféricas en movimiento. La distribución de los relieves oceánicos depende de cómo estén distribuidas estas placas. Así, las grandes llanuras abisales se reparten a ambas partes de las dorsales oceánicas (zonas de separación de placas), mientras que las fosas oceánicas se concentran en las zonas de convergencia de placas.

PLACA NORTEAMERICANA

PLACA ARÁBIGA

PLACA AFRICANA

PLACA DEL CARIBE

PLACA DE LAS GALÁPAGOS

PLACA SUDAMERICANA

PLACA DE NAZCA

Océano Atlántico

PLACA ANTÁRTICA

Tipos de fondos oceánicos

Plataforma continental de 0 a 200 m

Llanura abisal

Colinas abisales

Fosas y fondos oceánicos de más de 6 000 m

Dorsal inactiva

Dorsal oceánica activa

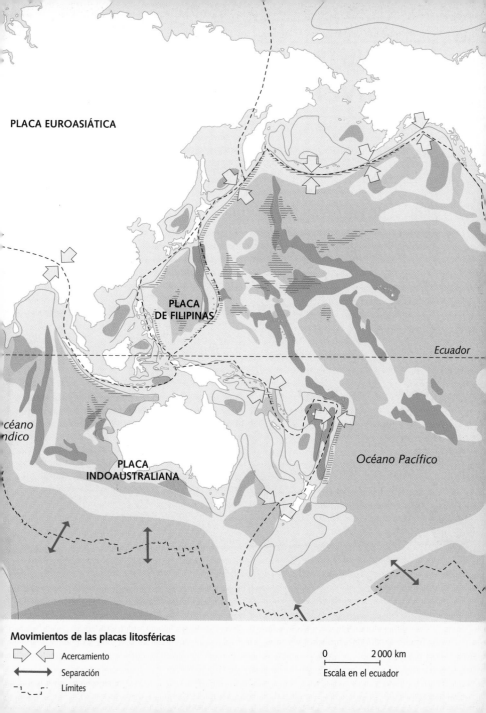

PLACA EUROASIÁTICA

PLACA
DE FILIPINAS

Ecuador

céano
ndico

PLACA
INDOAUSTRALIANA

Océano Pacífico

Movimientos de las placas litosféricas

⇨ ⇦ Acercamiento

←→ Separación

- ⌐ ¬ - Límites

0   2 000 km

Escala en el ecuador

Las variaciones del nivel del mar

El nivel del mar, punto de referencia de los geógrafos, no es constante. Debido a causas tectónicas, a la sedimentación y a las glaciaciones, cambia regularmente con el paso de los siglos.

El nivel de los océanos aumenta

Causas de las variaciones del nivel del mar

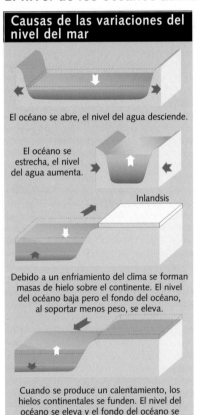

El océano se abre, el nivel del agua desciende.

El océano se estrecha, el nivel del agua aumenta.

Inlandsis

Debido a un enfriamiento del clima se forman masas de hielo sobre el continente. El nivel del océano baja pero el fondo del océano, al soportar menos peso, se eleva.

Cuando se produce un calentamiento, los hielos continentales se funden. El nivel del océano se eleva y el fondo del océano se hunde por el peso del agua.

Aparentemente, el nivel general de los océanos parece inmutable. Prueba de ello es que se utiliza como punto de referencia para determinar las altitudes terrestres. El nivel cero no es constante, ya que se ha establecido, para cada país, en el punto donde la marea es más baja. Para registrar permanentemente las variaciones del nivel del mar se utiliza un instrumento denominado mareógrafo. En un siglo, todos los mareógrafos del mundo han indicado una elevación del nivel medio del mar de un milímetro por año.

Los oceanógrafos son conscientes de esta variación, y también de sus causas. Una de ellas estaría relacionada con la tectónica de placas, otra con la sedimentación, y la última, y más importante, con la dinámica de los inmensos glaciares continentales. Los efectos combinados de estos tres fenómenos provocan, en el transcurso de decenas de miles de años, grandes avances del mar (llamados transgresiones) sobre tierras hasta ese momento emergidas o por el contrario, retrocesos (llamados regresiones), que pueden afectar a millones de kilómetros cuadrados.

Las causas de las variaciones

Las placas que componen la corteza terrestre forman la superficie del fondo de los océanos. Estas placas se desplazan en constante interacción. Cuando se aproximan, la superficie del fondo oceánico se estrecha y el nivel gene-

La Antártida. El enorme volumen de agua inmovilizado en forma de hielo en las regiones polares contribuye a disminuir el nivel general de los océanos.

ral del agua aumentará. Al contrario, cuando dos placas se separan, el océano se ensancha, lo que provocará un descenso del nivel del agua. No obstante, la variación es tan sólo de 0,5 a 1 cm cada 1 000 años. Los efectos de la sedimentación sobre el nivel del mar responden al principio de Arquímedes: cuando un recipiente en el que el volumen de agua es constante se llena de sedimentos, el nivel del agua aumenta. Pero en el océano el impacto es muy débil, ya que está compensado por el hundimiento de la superficie oceánica bajo el peso de los depósitos sedimentarios. La acumulación de hielo sobre los continentes (los casquetes de hielo llamados inlandsis) tiene un efecto notable en las variaciones del nivel del mar.

Cuanto mayor es la cantidad de agua retenida en los continentes en forma de hielo, mayor es el descenso del nivel medio de los océanos. Sin embargo, en las regiones polares en las que el hielo se ha acumulado, el zócalo continental se hunde bajo su peso, lo que provoca que el nivel del mar en esas regiones se mantenga más elevado.

El nivel cero

Para los marinos, lo más importante es navegar sin peligro y sin riesgo de embarrancar. Para ello es necesario conocer la profundidad del mar en cualquier lugar. Ése es el objetivo de las cartas marinas, en las que el cero corresponde al nivel más bajo alcanzado durante la marea baja. Este nivel cero, por tanto, no coincide con el de los mareógrafos.

Reconstitución de la
Tierra hace unos 100
millones de años, hacia mediados
del cretáceo, que muestra el Atlántico en proceso de apertura. La posición
de los continentes difiere de la actual, al igual que el contorno de las
costas, ya que el nivel de los mares era mucho más elevado.

El impacto de los cambios climáticos

LÉXICO

**[Marea
de tempestad]**
Elevación del nivel del
agua debido a una dis-
minución de la presión
atmosférica, que provo-
ca un aumento del nivel
del mar de 30 cm pero
que excepcionalmente
puede llegar a 1m.

En la actualidad, los inlandsis se encuentran confinados en los polos, y
representan un volumen de 24 millones de km^3. Pero no siempre ha
sido así. Debido a la influencia de los cambios climáticos, una mayor o
menor cantidad de agua ha quedado retenida en los continentes. Durante los períodos fríos en los que los casquetes glaciares se extendie-
ron, el nivel de agua de los océanos descendió. Los fondos marinos,
aligerados de la masa de agua que se les había sustraído, tendieron a
elevarse, reduciendo la amplitud del descenso del nivel del agua.

Durante la última glaciación, hace 18 000 años, los inlandsis con-
centraban cerca de 50 millones de km^3 de agua. América del Norte

y Eurasia estaban cubiertas por montañas de hielo de varios kilómetros de altura, mientras una gran parte de Alaska y de Siberia estaban totalmente desprovistas de hielo. El hombre prehistórico podía entonces desplazarse a pie de Francia a Inglaterra. El nivel medio del mar era 120 m inferior al actual.

Cien millones de años más tarde, la situación era muy diferente. Las temperaturas en la Tierra habían aumentado, los hielos acumulados durante los períodos fríos anteriores se habían fundido, y el agua invadía gradualmente las tierras. Su nivel era 200 m superior al actual. El continente europeo parecía entonces una sucesión de islas mientras que parte de África y todo el oeste de América estaban bajo las aguas.

Fósiles y sales para reconstruir el pasado

Algunos fósiles son testimonio de este agitado pasado. Los de los arrecifes coralinos indican, por ejemplo, el antiguo límite de la marea baja, zona en la que pueden desarrollarse. De igual forma, los restos fosilizados de algunos tipos de ostras, de bígaros o de algunas algas calcáreas corresponden a niveles muy precisos. La presencia en el fondo de depósitos ricos en cloruros y en sulfatos alcalinos, como el yeso o la sal gema, nos ofrece también mucha información. Los depósitos que se hallan en el fondo del mar Mediterráneo, por ejemplo, permiten datar en 5 millones de años el nacimiento de la forma actual que presenta este mar.

Paradójicamente, las variaciones del nivel del mar en períodos de tiempo más cortos son menos conocidas. Por ejemplo, se sabe que desde hace 7 000 años el nivel del mar ha subido de forma progresiva en la zona atlántica de las costas de Bretaña. Pero no se puede precisar con exactitud su cronología.

El nivel continúa elevándose. En parte debido a la fusión de los glaciares continentales y a la dilatación térmica del agua provocada por el recalentamiento climático. No obstante, se desconoce hasta qué punto estos dos fenómenos están implicados, y a qué ritmo va a seguir aumentando el nivel del mar.

Los modelos actuales prevén una elevación media de 10 a 30 cm por siglo. Pero en el futuro, más que el nivel medio, lo que puede plantear problemas son la elevación del nivel del agua como consecuencia de un descenso de la presión atmosférica y las inundaciones por lluvia.

Los paisajes característicos de la bahía de Along, en Vietnam, son el resultado de un proceso típico de erosión en el medio continental, en una época en que el nivel del mar era mucho más bajo.

Los sedimentos oceánicos

Cada año, millones de toneladas de rocas pulverizadas, de arena convertida en polvo, de cenizas y de restos de organismos marinos se depositan en el fondo del océano.

Sedimentos transportados por el aire y el agua

Los ríos, el hielo y las aguas de arroyada arrastran hasta el océano restos de rocas erosionadas. Las cenizas de los volcanes y el polvo proveniente del desierto son transportados

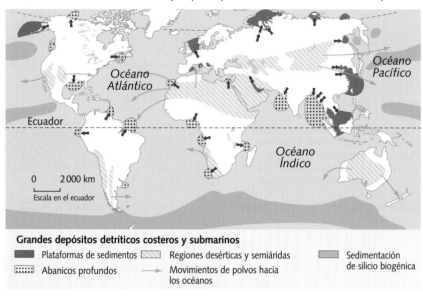

Grandes depósitos detríticos costeros y submarinos

- ▬ Plataformas de sedimentos
- ▤ Abanicos profundos
- ▨ Regiones desérticas y semiáridas
- → Movimientos de polvos hacia los océanos
- ▨ Sedimentación de silicio biogénica

por el viento y las precipitaciones. Las partículas más gruesas llegan rápidamente al fondo, mientras que las más finas se decantan después de un largo período en suspensión.

Estos sedimentos, llamados terrígenos, representan cada año cerca de 20 000 millones de toneladas. A ellos hay que añadir los restos de algas calcáreas, valvas de animales y esqueletos o fragmentos de huesos de animales. Estos otros sedimentos, llamados biógenos, se depositan en cantidades mucho menores: de 1 mm a 2 cm

⌐ Avalanchas submarinas

Los sedimentos acumulados en el borde de la plataforma continental pueden provocar avalanchas. Varias decenas de kilómetros cúbicos de sedimentos se deslizan por el talud continental a una velocidad aproximada de 100 km/h, y se depositan sobre cientos de kilómetros en la llanura abisal situada el pie del talud.

cada 1 000 años. Por último, una gran parte de los sedimentos marinos está producida directamente por los océanos: tanto por las erupciones de los volcanes submarinos como por la precipitación química de los elementos disueltos en el agua del mar.

El transporte y el depósito de los sedimentos depende del tamaño de las partículas y de la velocidad de la corriente. Cerca de la orilla, los materiales más gruesos, en los que se mezclan restos de rocas, de valvas, de algas calcáreas o de corales, sufren la acción del oleaje, de las olas y de las corrientes creadas por las mareas y son arrastrados hasta el fondo, donde forman pliegues y dunas. La duración del transporte y la distancia recorrida llevarán a cabo la selección de dichos sedimentos, puliendo más o menos sus aristas.

El relieve y las corrientes hacen la selección

Por regla general, el diámetro de los sedimentos disminuye a medida que aumentan la distancia a la costa y la profundidad. Con dos excepciones: los accidentes del relieve y el límite externo de la plataforma continental. En estos casos, la acción del oleaje es más fuerte y sólo resisten las arenas de mayor grosor. Estas arenas y gravas descienden por las pendientes como avalanchas, a lo largo de cañones submarinos, y se esparcen en las llanuras abisales en forma de grandes abanicos. El destino de los sedimentos más finos es muy diferente. Su diámetro, inferior a 80 µm, impide que se mantengan en el fondo en las aguas agitadas. Por tanto son transportados en suspensión, y pueden dar varias veces la vuelta al mundo antes de alcanzar la calma propicia para su sedimentación.

Cuanto más pequeños son más lento es su descenso. Una partícula de 1 µm tarda 500 años en bajar a –5 000 m. Su decantación da lugar a los lodos rojos de los grandes fondos marinos. O bien se mezcla con los restos de organismos planctónicos. Si éstos son de naturaleza silícea, como las diatomeas o los radiolarios, las pequeñas partículas llegarán hasta el fondo.

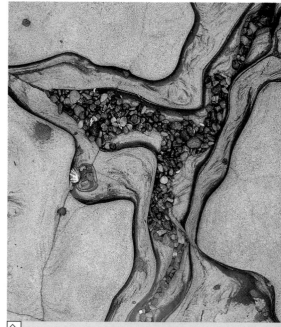

Arrastrados por las corrientes, la arena y los pequeños guijarros se encuentran en las costas pero también en alta mar, tras descender por las pendientes de los cañones submarinos.

La estructura de los océanos **19**

Los relieves submarinos

Fosas que llegan a los 10 000 m de profundidad, volcanes
que emergen desde el fondo por encima del nivel del mar...
El fondo de los océanos no es, ni mucho menos,
una superficie plana.

De la plataforma continental a los grandes fondos marinos

Un simple trozo de plomo suspendido de una cuerda permite conocer la altura del agua. A finales del siglo XVIII, ya se había constatado que cuanto mayor era la distancia de la costa, más aumentaba la profundidad, primero de forma lenta, después bruscamente hasta superar los 200 m. A esta zona con una pendiente suave que prolongaba el continente se le llamó plataforma continental, y a la zona de descenso abrupto hasta el fondo, se le dio el nombre de talud continental. Estas plataformas pueden llegar a tener una profundidad de entre 100 y 400 m. Casi ausentes en las costas montañosas, prolongan las regiones de mesetas: se extienden hasta más de 600 km de la orilla cerca de las costas de Siberia. Su inclinación media es de 0,4 %. Pero su relieve no es uniforme: igual que ocurre en la superficie terrestre, las plataformas submarinas se caracterizan por las elevaciones y las depresiones del terreno.

Los satélites realizan medidas de las variaciones del nivel de la superficie oceánica que permiten deducir de forma bastante precisa el relieve submarino.

Los cañones submarinos

La plataforma continental presenta profundos surcos, que en ocasiones prolongan los valles de los ríos: son los cañones submarinos que se encuentran en el mar Mediterráneo, pero también a lo largo del río Hudson, del Ganges, del Zaire, etc. La historia de estos cañones está unida a los movimientos del mar y a las fuertes corrientes de las mareas, así como a los deslizamientos de tierra generados por el arrastre de la arena y la grava que bajan por las pendientes. La acción de estos materiales forma gargantas que alcanzan varios kilómetros de longitud, y que se prolongan hasta el talud continental. La inclinación del talud es por término

Los grandes fondos marinos

Las fosas oceánicas, muy estrechas y con una profundidad superior a los 7 000 m, sólo representan el 0,1 % de la superficie de los océanos. Los fondos abisales (77 %), la plataforma continental (7,6 %) y su pendiente (15,3 %) se reparten el resto. La mayor parte de los océanos tiene de 4 000 a 6 000 m de profundidad.

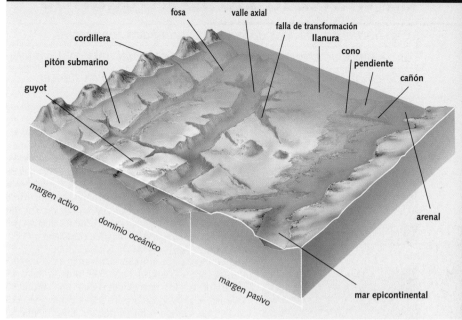

fosa · valle axial
falla de transformación
llanura
cono
pendiente
cañón
cordillera
pitón submarino
guyot
margen activo
dominio oceánico
margen pasivo
arenal
mar epicontinental

medio del 4 %, pero puede llegar hasta el 6 %. El talud comunica la plataforma con las llanuras y las colinas abisales, al descender hasta una profundidad de entre 3 000 y 7 000 m.

Las superficies más llanas del planeta

Los fondos abisales representan más de las tres cuartas partes de la superficie de los océanos. Separadas por desfiladeros y canales, las llanuras abisales constituyen las zonas más planas del planeta: su inclinación no sobrepasa el 0,1 %. Se extienden delante de los continentes, o alrededor de los archipiélagos; su longitud es de algunos cientos de kilómetros y su anchura es aproximadamente la mitad. En las zonas en las que el suelo oceánico se hunde bajo los continentes, las llanuras abisales son reemplazadas por fosas, generalmente de dimensiones reducidas.

LÉXICO

[Plataforma continental]
Borde de un continente invadido por la elevación del agua del mar, en la última gran transgresión marina de la era cuaternaria.

En ocasiones los volcanes emergen por encima del nivel del mar, y esto posibilita que los arrecifes puedan desarrollarse en sus laderas. Pero la mayor parte de los relieves se sitúa bajo el agua. El sistema de dorsales oceánicas, con una anchura de 1 500 km y una altura de 1 000 a 3 000 m, forma una cadena continua de más de 65 000 km de longitud. En el seno de sus depresiones se forma a partir del magma el suelo de los océanos actuales y futuros.

La historia de los océanos

Con frecuencia, nacidos de la separación de dos continentes, los océanos acaban por desaparecer bajo la plataforma continental, y dejan montañas y volcanes como testimonio de su existencia.

Vida y muerte de los océanos

Comparados con los continentes, los océanos son muy jóvenes. La «vida» de la Tierra puede remontarse a 2 000-3 000 millones de años, mientras que la de los océanos no alcanza los 400 millones de años. Los océanos se crean casi siempre en el interior de los continentes. Y la corteza que forman, en la zona de fractura de la corteza terrestre, funciona como un tapiz en continuo movimiento y renovación. Así, tras abrirse y después extenderse, los océanos acaban por cerrarse hundiendo su suelo bajo los continentes.

Todo comienza con un abombamiento de la corteza terrestre, primer signo del nacimiento de un océano. Esta deformación, que puede tener una altura de 1 000 m, es provocada por los movimientos de convección que actúan sobre el magma caliente situado en la capa subyacente. La corteza distendida se fractura, y después se hunde en un gigantesco «foso» llamado rift continental, de 0,5 a 1,5 km de profundidad. El Great Rift Valley es el más bello ejemplo que se puede observar actualmente sobre la Tierra.

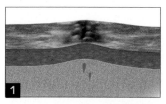

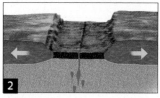

La formación de un océano comienza por un abombamiento de la corteza terrestre (1). Ésta se estira, se agrieta y forma un rift (2), que finalmente se hunde bajo el nivel del mar (3).

El nacimiento de un océano

Si la temperatura del manto terrestre deja de aumentar, los movimientos de convección se atenúan y cesa la actividad. El lago Baikal es un ejemplo de ello. Pero si la acción continúa, los bordes del rift se seguirán separando. El rift continental se vuelve un rift oceánico. Largas cadenas de volcanes, las dorsales, separan poco a poco en su eje el rift alargado en forma de valle. Esta etapa tiene una duración variable. Se cree que en la parte occidental del mar Mediterráneo fue de 5-10 millones de años, en el Atlántico Sur se calcula que se prolongó entre 10-15 millones de años, y en el Atlántico Norte los científicos piensan que la duración fue mucho mayor. Al separar el continente en dos, el rift oceánico permite que el magma suba a la superficie. En ese momento, el magma comienza a enfriarse y se infiltra en el agua del mar, cre-

Evolución de los continentes y los océanos

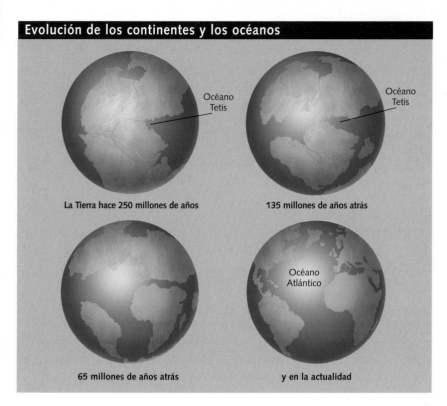

Océano Tetis

Océano Tetis

La Tierra hace 250 millones de años

135 millones de años atrás

Océano Atlántico

65 millones de años atrás

y en la actualidad

ando así el suelo del futuro océano. Esta corteza oceánica, constituida principalmente por basalto, es más fina (5 a 8 km de espesor) y más densa que la corteza continental. Se extenderá a ambos lados del valle central a razón de algunos centímetros por año. A medida que se separa, se seguirá enfriando, se hará aún más densa, y se hundirá bajo su propio peso. El agua invadirá entonces la depresión y se formará progresivamente un joven océano, como el mar Rojo, que se abrió hace 20 millones de años. Después, debido a una intensa erosión, los sedimentos se acumularán en los márgenes del océano. Bajo su peso, el suelo oceánico se hundirá más: es lo que se observa en la actualidad en el sur de Portugal.

Océanos en los océanos

Algunos océanos no se abren en los continentes sino en el interior de las cuencas oceánicas ya existentes. Se han descubierto gracias a sus dorsales, pero sus estadios iniciales son a veces difíciles de reconstruir. Océanos de este tipo se han formado, por ejemplo, en la zona del archipiélago de las Filipinas.

La corteza oceánica, más densa y por tanto más pesada que la corteza continental, finalmente se hundirá bajo uno de los continentes. La presencia de una fosa oceánica será testimonio de ello. Así es como han evolucionado los continentes y los océanos a lo largo de los millones de años que constituyen la historia del planeta Tierra.

La estructura de los océanos **23**

El mar Mediterráneo nació hace 25 millones de años de los restos del océano Tetis, que estaba situado entre Eurasia y África. Como el antiguo océano, también el mar Mediterráneo está destinado a desaparecer.

Una desaparición que deja huellas

El proceso por el cual el suelo de un océano se hunde bajo un continente se llama *subducción*. Sus efectos sobre el continente son múltiples: la compresión produce plegamientos, cizalladuras y transforma los sedimentos transportados por el suelo oceánico en cadenas montañosas; la fricción causa temblores de tierra; finalmente, al permitir el ascenso del magma de la corteza oceánica, da lugar al nacimiento de los volcanes.

LÉXICO

[Expansión de los océanos]

En el océano Atlántico y en el Índico, la expansión ha sido en los últimos cinco millones de años de 0,8 a 2,5 cm por año. En el océano Pacífico, la expansión llega a los 16-20 cm por año.

El impacto sobre el océano es también considerable, ya que la velocidad a la que el suelo desaparece bajo tierra puede ser inferior a la de la formación de un nuevo suelo. En ese caso el océano se retrae y se cierra: este fenómeno se está produciendo en la actualidad en el Mediterráneo. Este mar constituye el último vestigio de Tetis, un gran océano actualmente desaparecido que separaba Eurasia y África en la era secundaria.

Mares de todo tipo

Aunque a veces se utilizan como sinónimos, los términos «mar» y «océano» tienen significados diferentes. El primero designa una masa de agua de menor extensión limitada a una sola zona climática. Además, se distinguen varios tipos de mares. En relación con su hidrología, se habla de mares abiertos, cerrados o interiores. Los mares abiertos se comunican ampliamente con el océano al cual están unidos; es el caso del mar del Norte o del mar de la China. Los mares cerrados se comunican con el océano por fondos elevados que con frecuencia sólo dejan pasar las aguas superficiales: el mar Mediterráneo, el mar Caribe o el mar de Japón son algunos ejemplos. Los mares interiores, por último, se asemejan a lagos salados, que en algunos casos desembocan en otro mar (mar de Azov, mar Negro o mar Báltico), y en otros no tienen ninguna salida (mar de Aral).

Desde el punto de vista geológico, se clasifican en categorías diferentes los mares correspondientes a extensiones del océano sobre los continentes (mares llamados epicontinentales), como el mar del Norte, el mar Báltico o el mar de la Sonda, y los que se han formado por encima de zonas en las que el océano se hunde bajo un continente (mares marginales), como por ejemplo, el mar del Japón, el mar de la China, el mar Caribe... Desde esta lógica, el mar de Bering comparte ambas características, ya que es marginal al sur y epicontinental al norte. Además, se designan indistintamente con el nombre de «bahía» o «golfos» algunos mares cerrados (golfo Pérsico), abiertos (golfo de Vizcaya) o interiores (golfo de Botnia).

El continente europeo está bordeado por numerosos mares. Algunos son mares abiertos; otros, cerrados en antiguas zonas terrestres o, por el contrario, anteriormente ocupadas por un océano. De ahí los diferentes nombres que reciben.

E l agua del mar contiene numerosos compuestos químicos en solución, entre los que los cloruros, sobre todo el cloruro de sodio —la sal de cocina—, y los sulfatos son particularmente abundantes.
La cantidad global de todos estos elementos determina la salinidad. Ésta varía poco en los océanos, siendo por término medio del 35 % (35 gramos por cada litro de agua). Por el contrario, la temperatura puede variar, desde la superficie hacia el fondo y de los trópicos a los polos, de 28-30 °C a menos de 0 °C. En conjunto, la temperatura y la salinidad determinan la densidad del agua y controlan en parte su circulación.

La salinidad en un océano depende de la evaporación y del aporte de agua dulce. Cuando éstos no se producen, la sal tiende a cristalizarse.

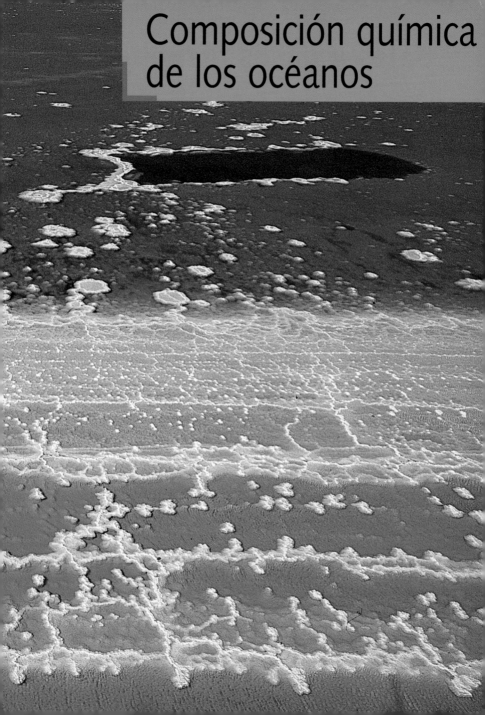

Composición química de los océanos

Sales y gases disueltos

El agua del mar es una mezcla compleja de sales y gases en solución. Algunos elementos son más abundantes que otros y determinan su salinidad.

El cloruro de sodio, es decir, la sal de mesa, que cristaliza en las salinas, es sólo una de las muchas sales existentes en el agua de mar.

Un cóctel rico y complejo

El agua del mar tiene un sabor salado característico. El cloruro de sodio, que le confiere esta propiedad, es sólo uno de los muchos componentes del agua de los océanos. La mayoría de los elementos químicos que se conocen sobre la Tierra se encuentran en forma de sales o de gases disueltos. Pero es la cantidad de sal la que determina la salinidad, expresada en el número de gramos de sal disueltos por litro de agua.

Algunas sales son muy abundantes (el cloruro de sodio es una de ellas). Se encuentran algo más de 27 g en un litro de agua salada al 35 por mil, es decir, cerca del 78 % de la cantidad total de sales disueltas. En un orden de importancia decreciente, siguen el cloruro de magnesio (10,9 %), los sulfatos de magnesio (4,7 %), de calcio (3,6 %), y de potasio (2,5 %), el carbonato de calcio y el bromuro de magnesio (0,5 % ambos). En el agua, se presentan en forma de iones cargados positivamente (cationes) o negativamente (aniones), cuyas combinaciones pueden hacerse y deshacerse: el cloro (Cl^-) y el sodio (Na^+) son los más abundantes, les siguen los sulfatos (SO_4^{2-}), el magnesio (Mg^{2+}), el calcio (Ca^{2+}), el potasio (K^+), los bicarbonatos (HCO_3^-), el bromo (Br^-), el estroncio(Sr^{2+}), etc.

LÉXICO

[Constituyentes principales]
Sales abundantes y en proporción constante de un océano a otro. Son responsables en el 99 % de la salinidad.

[Constituyentes menores]
Sales presentes en muy baja concentración y variables en el tiempo y en el espacio. Influyen poco en la salinidad, pero tienen una función muy importante en los procesos biológicos.

Principales constituyentes del agua de mar

Elemento	Concentración en agua de mar (g/kg)	Aportes	Pérdidas
Cloro	19	Vulcanismo, ríos	Sedimentación en forma de sal (NaCl)
Sodio	10,6	Ríos	Sedimentación en forma de sal (NaCl)
Sulfatos	2,7	Vulcanismo	Depósito en el fondo de los océanos
Magnesio	1,3	Ríos	Absorción por los lodos arcillosos
Calcio	0,4	Vulcanismo, ríos	Incorporación al esqueleto de los microorganismos marinos, sedimentación en forma de calcita
Potasio	0,4	Ríos	Absorción por los lodos arcillosos

Compuestos importantes para la vida

Al igual que los constituyentes dominantes, los elementos menos abundantes también se disocian en forma de iones en el agua del mar. Pero su concentración es mucho menor, siempre inferior al miligramo por litro de agua. Los compuestos nitrogenados (nitritos, nitratos, sales amoniacadas) y fosforados (fosfatos) tienen una función de primer orden, ya que participan en la fotosíntesis. También se encuentran entre estos elementos el sílice, que las diatomeas (minúsculas algas unicelulares) utilizan para fabricar su esqueleto, y otros oligoelementos como el flúor, el yodo, el arsénico, el hierro, el cinc, el cobre, el cobalto, el níquel, el manganeso, el aluminio, el plomo, el vanadio... Los organismos vivos pueden utilizarlos varios millones de veces, antes de devolverlos al mar cuando mueren.

Reservas de sal

La masa total de sales disueltas en el mar se estima en 48 billones de toneladas. Si se tuviera que recubrir los continentes emergidos, esto representaría una capa de cerca de 140 m de altura. Y si todos los océanos se evaporaran, las sales formadas cubrirían los fondos con un espesor de más de 40 m.

Todo esto no tendría lugar si en el océano no hubiese oxígeno y gas carbónico que, como todos los gases atmosféricos, se encuentran disueltos en el agua. Sin ellos no sería posible la fotosíntesis ni la respiración. Las cantidades de uno y de otro están estrechamente relacionadas. Al contrario que la cantidad de nitrógeno, son más elevadas que en el aire.

Desde este punto de vista el océano desempeña un papel fundamental ya que sus grandes ciclos geoquímicos regulan la cantidad de oxígeno y de gas carbónico de la atmósfera y, por tanto, hacen posible la existencia de la vida en la Tierra. Las sales y los gases disueltos en el agua oceánica tienen, pues, una función fundamental en la evolución de los procesos biológicos.

Mapa (páginas siguientes)

De un extremo a otro del planeta, la salinidad de los océanos varía poco. Ésta depende del equilibrio entre evaporación y precipitaciones, y es del 34-35 %. La temperatura, por el contrario, acusa en superficie diferencias importantes en función de la latitud. Desde −2 ºC cerca de los polos, hasta los 28-30 ºC en las regiones próximas al ecuador.

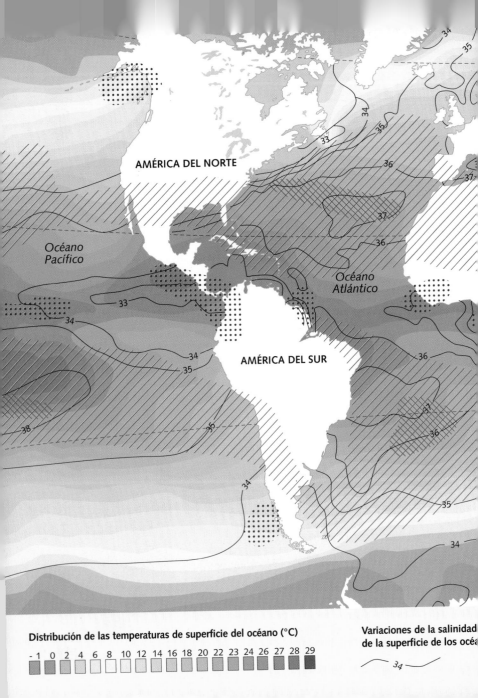

AMÉRICA DEL NORTE

Océano
Pacífico

Océano
Atlántico

AMÉRICA DEL SUR

Distribución de las temperaturas de superficie del océano (°C)

-1 0 2 4 6 8 10 12 14 16 18 20 22 23 24 26 27 28 29

Variaciones de la salinidad
de la superficie de los océa

~34

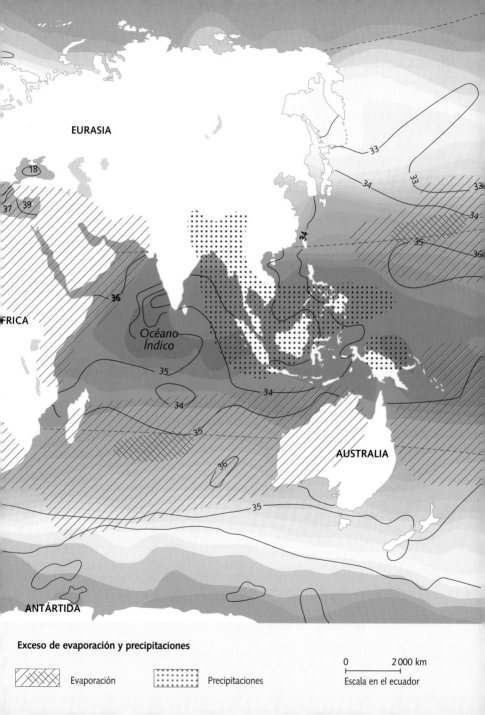

EURASIA

18

37 39

36

ÁFRICA

Océano Índico

35

34

35

36

33

34

33

34

35

36

34

35

AUSTRALIA

36

35

ANTÁRTIDA

Exceso de evaporación y precipitaciones

Evaporación   Precipitaciones

0   2 000 km

Escala en el ecuador

La salinidad de los océanos

La salinidad del agua apenas varía de un océano a otro, ni de la superficie a las grandes profundidades. Tampoco el ritmo de las estaciones influye demasiado en su proporción.

¿De dónde procede el agua del mar?

La composición del agua del mar es curiosamente estable. Aunque la concentración de sus constituyentes principales puede cambiar, sus proporciones relativas se mantienen siempre constantes. Esto es debido, en primer lugar, a que el agua está permanentemente agitada por la circulación general de los océanos.

En segundo lugar, a que algunas sales en cantidades excesivas, se precipitan al fondo y se incorporan a los sedimentos. Y por último, a que los organismos vivos retienen de forma selectiva las sales solubles, las fijan y cuando mueren las depositan en el fondo del océano. ¿Cómo es posible que se haya formado una solución salina tan perfectamente equilibrada?

Sobre esta cuestión existen opiniones encontradas. Según la idea enunciada en 1673 por el químico inglés Robert Boyle, se considera el mar como un gran depósito de concentración. Según esta hipótesis, los primeros mares que se formaron hace 3,5 mil millones de años contenían agua dulce. Con el paso del tiempo, las tierras erosionadas por las aguas de arroyada y los ríos le aportaron la sal. La salinidad siguió aumentando por la evaporación, durante los períodos de recalentamiento climático.

El problema es que los elementos contenidos en la corteza terrestre, en los ríos y en el agua del mar son muy diferentes tanto cualitativa como cuantitativamente. Esto ha llevado a otro planteamiento. En 1903, el químico sueco Svante Arrhenius propuso que las aguas del planeta procedían de las entrañas de la Tierra. Debido a las erupciones volcánicas el vapor de agua, así como otros gases, habría sido liberado a la superficie terrestre a medida que el magma se enfriaba.

Al condensarse, esta agua cargada de gas formó mares muy ácidos, que adquirieron la salinidad de forma precoz, por disolución de los elementos superficiales que se habrían acumulado en la corteza terrestre.

El origen de los océanos

Hace más de 4 000 millones de años, la atmósfera primitiva de la Tierra estaba formada por vapor de agua (80 %) y gas carbónico (15 %). Al enfriarse, el agua de la atmósfera se condensó y se transformó en agua líquida. Durante mucho tiempo se produjeron fuertes lluvias sobre el planeta. Al principio, el agua que caía bajo un sol ardiente se evaporaba de inmediato. Cuando la superficie terrestre se enfrió, el agua comenzó a deslizarse por los relieves y se acumuló en las aberturas de la joven corteza terrestre, primero en las charcas, después en los lagos y por último en los mares y océanos. Se cree que una parte del agua de los océanos proviene también de los cometas. Hace 3 000 o 4 000 millones de años, la Tierra sufrió un intenso bombardeo de meteoritos y de cometas. Y se sabe que los cometas contienen grandes cantidades de «hielo sucio».

En la desembocadura de los ríos (en la fotografía, el río Sambava, en Madagascar), la salinidad del agua del mar experimenta una fuerte disminución. El efecto del aporte de agua dulce se observa en varias decenas de kilómetros en el mar.

Una salinidad comprendida entre un 34 y un 35 %

Al margen de estas hipótesis, se debe constatar que en la actualidad la salinidad de los océanos varía poco: el 90 % está comprendida entre un 34 y un 35 %. En alta mar, su valor en las aguas de la superficie oscila entre un 33 y un 37 %. La diferencia indica un exceso de aporte de agua dulce por los ríos o la lluvia, o por el contrario, una importante evaporación. Los grandes ríos como el Amazonas, el Níger o el Zaire tienen tendencia a diluir las sales y a disminuir la salinidad, que desciende a menos del 30 % en su desembocadura. Generalmente, en las regiones próximas al ecuador, donde las precipitaciones son casi permanentes, la salinidad es del 34 %. El efecto contrario se produce en los trópicos, donde los anticiclones provocan una intensa evaporación, que se traduce en una salinidad del 36 al 37 %. Los valores más extremos se alcanzan en los mares cerrados que intercambian muy poca cantidad de agua con el océano. La salinidad del Mediterráneo es del 38 al 39 % y la del mar Rojo, del 40 al 41 %.

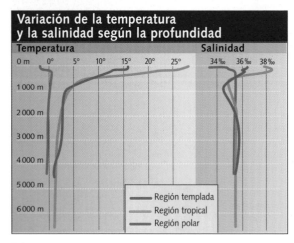

Las precipitaciones son una de las causas de que disminuya la salinidad de las aguas de superficie. Este efecto es mayor cuanto más marcada es la estación de las lluvias.

Composición del fondo de los océanos

Variación de la temperatura y la salinidad según la profundidad

Temperatura

| 0 m | 0° | 5° | 10° | 15° | 20° | 25° |
| 1 000 m |
| 2 000 m |
| 3 000 m |
| 4 000 m |
| 5 000 m |
| 6 000 m |

Salinidad

34‰   36‰   38‰

— Región templada
— Región tropical
— Región polar

La distribución de la salinidad a poca profundidad responde a los movimientos generados por las olas y las corrientes. En las regiones de clima templado o tropical, la salinidad es relativamente uniforme en una capa de algunos metros de espesor. A continuación decrece hasta alcanzar un mínimo, hacia los 800-1 000 m de profundidad. Después aumenta ligeramente hasta aproximadamente –2 000-2 500 m, antes de disminuir de nuevo. En las regiones polares ocu-

En las regiones polares, el aumento de las temperaturas en verano provoca la fusión de los hielos. El aporte de agua dulce produce caídas bruscas de la salinidad.

rre lo contrario, en los primeros metros la salinidad aumenta hasta un valor que se mantiene igual en el fondo. Pero a partir de los 4 000 m, todos los océanos tienen la misma salinidad, que oscila entre el 34,6 y el 34,9 %.

Esta distribución se mantiene casi constante y apenas se modifica con las es-

Casos extremos

Algunos mares cerrados escapan a la circulación oceánica. Si el aporte de agua dulce, sobre todo por los ríos, es más importante que la evaporación, la salinidad disminuirá. La del mar Caspio es del 13 %, y sus aguas se parecen más a las de un río que a las de un océano por su importante contenido en carbonatos.

Instrumentos de medida

Como las proporciones relativas de los principios constituyentes del agua del mar son constantes, es posible conocer la salinidad del agua si se dosifica uno de ellos. De esta forma la salinidad se ha establecido según la cantidad de cloruros. En la actualidad, se mide la conductividad eléctrica del agua del mar a partir de la cantidad de sales disueltas.

taciones. Sus variaciones no superan el 0,5 %, y éstas son más fuertes donde el clima cambia completamente. Así, el monzón deja su huella en el noreste del Pacífico, aportando abundantes precipitaciones que suavizan el agua de la superficie.

Las variaciones son también más marcadas en las regiones polares, donde la fusión del hielo en verano y sus movimientos pueden generar cambios bastante irregulares.

La temperatura de los océanos

Al contrario que la salinidad, la temperatura varía considerablemente tanto en el espacio como en el tiempo. Su distribución en la superficie refleja fielmente los climas de las distintas latitudes.

Los rayos del sol calientan el agua

Aunque una parte de la radiación solar es reflejada por el océano, otra parte penetra en él, siendo difundida o absorbida. Los rayos infrarrojos, que las algas y otros organismos fotosintéticos no utilizan, quedarán retenidos en los primeros metros de profundidad y calentarán el agua. Pero también la lluvia o el viento pueden elevar la temperatura: la lluvia al ceder al océano el calor latente en las gotas de agua; el viento al transformar su energía en calor. De manera inversa, la radiación de gran longitud de onda, la convección hacia la atmósfera o la evaporación causarán un enfriamiento del océano.

En resumen, la temperatura de superficie del océano disminuye desde las aguas cálidas de las regiones tropicales (de 28 a 30 °C) hasta las aguas frías de las latitudes polares, donde la temperatura mínima corresponde al punto de congelación del agua del mar, es decir, alrededor de −1,9 °C. Esta repartición se ve alterada en parte por los continentes y por las corrientes provocadas por el viento.

Los gradientes de temperatura son bajos en las aguas que rodean el ecuador y los polos, y altos en las zonas templadas, es decir, la variación del valor de la temperatura del agua es mayor en estas últimas.

La temperatura de las aguas de superficie de los océanos es más elevada (en rojo) en las aguas tropicales, ya que reciben una insolación máxima.

Variaciones de gran amplitud

La variación de temperatura desde la superficie hasta el fondo es del mismo orden que la que separa las altas y las bajas latitudes: puede oscilar entre los 28-30 °C hasta –1 °C. Cerca de los polos la variación es muy baja o casi nula, pero se acentúa en la proximidad de las regiones cálidas. Sin embargo, no es regular en toda la columna de agua. La temperatura es estable en la capa más superficial del océano, que puede tener desde algunos metros hasta algunas decenas de metros, allí donde el agua es agitada por el viento. A excepción de los polos, disminuye a continuación muy rápidamente hasta casi los 500 a 1 000 m de profundidad. En esta zona, llamada *termoclina*, la temperatura no supera nunca los 12 °C. Su valor se hace mínimo hacia los 4 000 m (alrededor de 2 °C), pero remonta si se continúa descendiendo. Esto es debido a que la presión aumenta con la profundidad, y esto conlleva un aumento de la temperatura del agua. Aunque el aumento no es importante (0,15° cada 1 000 m), es suficiente para que el efecto se note en los grandes fondos.

El efecto de la latitud

De una estación a otra, la temperatura en superficie no cambia mucho en los océanos de las regiones polares y ecuatoriales, que puede ser de 2 °C como máximo. En cambio, en las zonas templadas las variaciones pueden ser de 8 °C e incluso de 10 a 20 °C en algunos mares interiores como, por ejemplo, el mar Mediterráneo. No obstante, estas variaciones disminuyen cuando la profundidad aumenta, desapareciendo totalmente hacia –200 a –300 m. Además están desplazadas en el tiempo. Cuando las aguas superficiales se calientan en verano, disminuye su densidad, con lo que aumenta todavía más la diferencia de temperatura con las aguas más profundas. El resultado es que la termoclina asciende, y sólo las aguas mezcladas en los primeros 25 m de espesor por la agitación de las olas sufren una elevación de temperatura. Es necesario esperar al otoño, período en el que la termoclina desaparece, para que las aguas más profundas se calienten.

Zonas de convergencia

En aquellos lugares en los que las isolíneas de temperatura varían bruscamente, se enfrentan dos masas de agua muy diferentes. Estas regiones del océano se denominan «zonas de convergencia». La más conocida es la zona de convergencia antártica, en la que las aguas frías y densas de la superficie se hunden en otras más cálidas.

LÉXICO

[Termoclina]
Zona de las profundidades marinas donde la temperatura del agua desciende más rápidamente. Se sitúa entre 100 y 1 000 m de profundidad, y tiende a desaparecer en verano.

[Temperatura potencial]
Temperatura que permite estudiar los efectos de la presión en una masa de aire. Sirve para comparar masas de agua profunda.

El vaivén invernal

Cuando llega el invierno, las capas superficiales se enfrían y aumenta su densidad. Como su peso aumenta, son arrastradas hacia las profundidades por grandes movimientos de convección. Su inestabilidad favorece las turbulencias, que llevan al océano a ceder calor a la atmósfera. El descenso de la temperatura se acentúa rápidamente tanto en la superficie como en el fondo. El mar se enfría con rapidez mientras la atmósfera se calienta de forma más lenta. Esto se debe, por una parte, a las características físicas del agua, y, por otra, a las turbulencias, pero la causa principal es que las dos terceras partes del calor aportado por la radiación solar sirven para evaporar el agua. La atmósfera es así dependiente del océano, que a su vez está sometido a los caprichos del aire.

Los hielos marinos

Los icebergs contribuyen a disminuir la salinidad de los océanos. La banquisa, formada por la congelación del agua del mar, es indispensable para la formación de las aguas profundas.

La banquisa (en la fotografía la de Tierra Adelia, en la Antártida) se forma por la congelación del agua de los mares polares, cuando la temperatura de esta agua salada alcanza su punto de congelación: –1,9 °C.

Los icebergs y la banquisa

Cuando la temperatura desciende por debajo de los 0 °C, el agua se congela. En las altas latitudes se forman dos tipos de hielos en el mar, de origen diferente: los icebergs, formados por el desagüe de los glaciares originados por la nieve que cae en los continentes, y la banquisa, debida a la congelación del agua del mar. Los icebergs son enormes masas de hielo que actúan sobre el océano de dos maneras: por el calor que sustraen para fundirse, y por el agua dulce que liberan. Se originan al desprenderse de los inlandsis (masas continentales recubiertas de hielo), y tienen una vida de tres a cuatro años. Pueden recorrer grandes distancias arrastrados por las corrientes. En el hemisferio Sur, la deriva hacia el oeste no los aleja nunca del continente antártico. Pero en el hemisferio Norte, las corrientes de Groenlandia y del Labrador pueden hacerlos descender hasta el Atlántico.

Tres parámetros interrelacionados

Al contrario que el agua dulce, la densidad del agua del mar aumenta a medida que ésta se enfría, hasta alcanzar el valor en el que cambia de estado y se vuelve hielo. El agua dulce es la más densa a 4 °C y se congela a 0 °C, mientras que el agua del mar, cuya salinidad media es de 35 %, se transforma en hielo a –1,9 °C y tiene una densidad máxima de unos –3,5 °C.

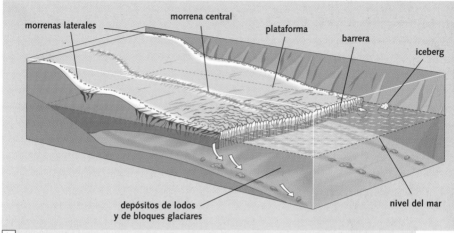

morrenas laterales
morrena central
plataforma
barrera
iceberg
depósitos de lodos y de bloques glaciares
nivel del mar

Los icebergs son bloques de hielo de gran tamaño que se desprenden de los glaciares continentales, y pueden flotar a la deriva durante varios años.

Un papel clave en la formación de las aguas profundas

La banquisa se forma cuando el agua se enfría en invierno hasta su punto de congelación, es decir, −1,9 °C para un agua con una salinidad del 35 %. La congelación provoca una dilatación que hace al hielo más ligero que el agua. Los primeros cristales de hielo son sustituidos por otros en forma de agujas, que, cada vez más numerosas, dan al océano la apariencia de un gigantesco «sorbete». Otro de los efectos de la congelación es la separación del agua pura de las sales. A medida que se forman los cristales de hielo de agua pura, la salinidad de las aguas subyacentes aumenta. Éstas se vuelven más densas, y por tanto más pesadas, y acaban por hundirse. Aguas menos saladas y más calientes las reemplazan en la superficie, y sufren a su vez el mismo fenómeno. El descenso de estas capas de agua se hace progresivamente en profundidades cada vez mayores. La capa de hielo se adelgaza hasta que el espesor de la banquisa es tal que forma un aislante térmico. La inestabilidad del clima y la agitación del mar pueden hacer que se funda cuando, en verano, sea arrastrada mar adentro. Pero también es posible que persista durante muchos años y se cubra de nieve.

Un aislante excelente
La banquisa refleja los rayos del sol, lo que impide que el agua aporte calor al aire más frío que ella. De ahí su poder aislante. Si no existiera la banquisa en invierno, las aguas oceánicas expuestas a la radiación solar podrían llegar a calentar de 20 a 40 °C las capas bajas de la atmósfera.

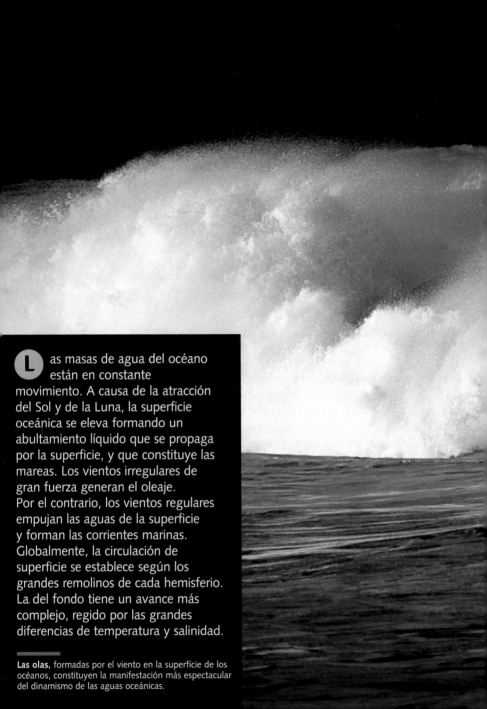

L as masas de agua del océano están en constante movimiento. A causa de la atracción del Sol y de la Luna, la superficie oceánica se eleva formando un abultamiento líquido que se propaga por la superficie, y que constituye las mareas. Los vientos irregulares de gran fuerza generan el oleaje. Por el contrario, los vientos regulares empujan las aguas de la superficie y forman las corrientes marinas. Globalmente, la circulación de superficie se establece según los grandes remolinos de cada hemisferio. La del fondo tiene un avance más complejo, regido por las grandes diferencias de temperatura y salinidad.

Las olas, formadas por el viento en la superficie de los océanos, constituyen la manifestación más espectacular del dinamismo de las aguas oceánicas.

Dinámica de los océanos

El origen de las mareas

La Tierra resiste la atracción del Sol y de la Luna. Pero esta fuerza es la causa de que el agua, en su superficie, forme un abultamiento en dos puntos del planeta diametralmente opuestos: de este modo se crean las mareas.

Una ley universal

En nuestro sistema solar, todos los planetas gravitan alrededor del Sol y son atraídos por él. Esta ley de atracción es universal y concierne a todos los astros. Las fuerzas que ejercen los unos sobre los otros dependen de su masa y de la distancia que los separa.

Así, cuanto mayor es un astro, menos alejado está de la Tierra, y mayor es la atracción que ejerce sobre ella. La Luna, aunque infinitamente más pequeña que el Sol, está muy cerca de nuestro planeta. Su influencia es 2,2 veces más importante.

Un retraso inconstante

La Luna tarda 29 días, 12 horas y 44 minutos en dar una vuelta a la Tierra. En 24 horas se desplaza una media de 30 grados, distancia que teóricamente debería recorrer nuestro planeta para encontrar al final de su rotación su posición de salida con relación a ella. La Tierra tardaría en recorrer esta distancia unos 50 minutos, justo el retraso medio que tiene la marea cada día.

El dúo Tierra-Luna en acción

La fuerza de atracción de la Luna ocasiona una elevación de las grandes masas de agua oceánicas más próximas a ella. No obstante, la Tierra también tiene su función: por el movimiento de gravitación, crea una fuerza que se opone a la atracción de la Luna y que se traduce en una acumulación de agua en el punto más alejado de ésta. Como resultado se producen dos pleamares simultáneas, que son el reflejo de dos fuerzas: una de atracción y otra de gravitación. Su resultante se denomina fuerza generatriz de marea. Ésta es nula en el centro de nuestro planeta, y máxima en su superficie en dos

❶ oposición

❷ cuadratura

❸ conjunción

Las mareas se deben a la atracción combinada de la Luna y el Sol sobre la Tierra. Las mareas alcanzan su punto álgido cuando los efectos se acumulan (1 y 3) y mínimo cuando se oponen (2).

puntos: el más próximo y el más distante de la Luna.

Como la Tierra gira sobre ella misma, esta deformación de la superficie de agua se propaga como una onda. Esta onda tiende a seguir el movimiento aparente de la Luna y, en menor medida, del Sol. Pero su trayecto no sigue una línea recta.

La rotación de la Tierra crea fuerzas que la desvían hacia la derecha en el hemisferio Norte y hacia la izquierda en el hemisferio Sur. Además, los continentes son un obstáculo para esta onda y la profundidad limitada de los océanos la frenan.

Por último, la forma de los océanos puede o no amplificar la onda: en el Atlántico, más largo que ancho, las mareas se producen cada 12 horas, son semidiurnas; en el océano Pacífico e Índico, más extensos, se producen mareas mixtas de 12 y 24 horas; y en los mares más pequeños, como el golfo de México, mareas diurnas.

Una amplitud variable

La amplitud de las mareas es más fuerte cuando la Luna y el Sol están alineados, en el momento de la luna llena y de la luna nueva (aguas vivas), y más débil cuando los dos astros forman un ángulo recto, durante el primer y el último cuarto lunar (aguas muertas). La amplitud es máxima en los equinoccios para las mareas semidiurnas, y en los solsticios para las mareas diurnas.

La amplitud de las mareas varía desde algunos centímetros hasta algunos metros. El pie de esta curiosa roca de la bahía de Phang-Nga (Tailandia) queda completamente al descubierto durante la marea baja.

Mapa (páginas siguientes)

Empujadas por el viento, las capas de agua de la superficie de los océanos se desplazan formando grandes corrientes. Éstas giran alrededor de las zonas de alta presión atmosférica (células anticiclónicas), en el sentido de las agujas del reloj en el hemisferio Norte, y en el sentido inverso en el hemisferio Sur. Las corrientes transportan aguas cálidas en las costas orientales de los continentes, y aguas frías en las costas occidentales.

Dinámica de los océanos **43**

Corrientes oceánicas

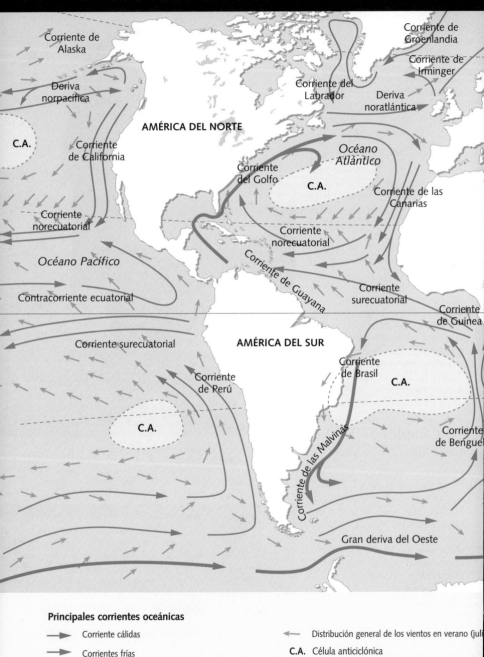

Principales corrientes oceánicas

→ Corriente cálidas

→ Corrientes frías

← Distribución general de los vientos en verano (jul

C.A. Célula anticiclónica

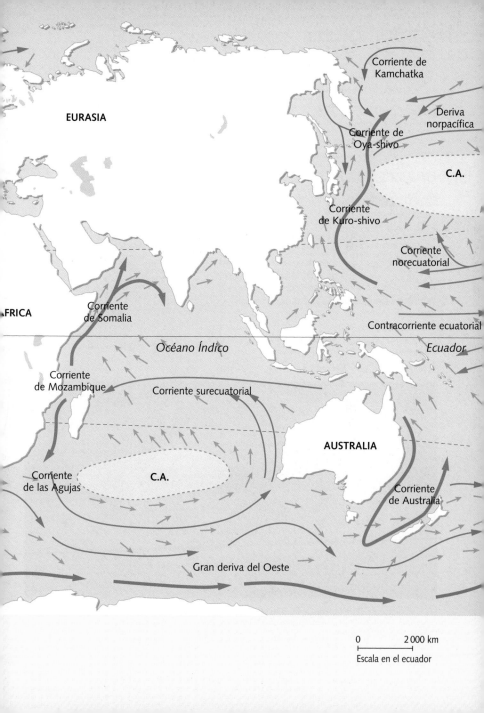

Olas viajeras

La superficie del océano se deforma y se ondula por la acción del viento. Las olas se propagan sobre largas distancias en ondas regulares, formando el oleaje.

Una sucesión de olas...

Si lanzamos una piedra al agua, su superficie se deformará y se cubrirá de ondas concéntricas. Si lanzamos un corcho, éste subirá y bajará al ritmo de estas ondas, sin que por ello se desplace en sentido horizontal. Este ejemplo nos da una idea del efecto que tiene el viento sobre el océano. Si sopla durante un tiempo suficientemente largo, en una misma dirección, y de forma intensa, crea una sucesión de olas regulares, es decir, el oleaje. Éste será más o menos fuerte según la fuerza, la duración y la extensión del viento. Pero, al contrario que la marea, no desplazará el agua y por tanto no creará ninguna corriente.

Un movimiento sin fin

En el oleaje, las moléculas de agua giran sobre ellas mismas. Su movimiento sigue una órbita casi circular cuyo diámetro equivale a la altura de las olas en la superficie, y se reduce progresivamente hacia el fondo. Si ningún obstáculo se interpusiera en su camino, tardaría un tiempo infinito en extinguirse: una ola de 10 m tendría todavía 4 m al cabo de tres años.

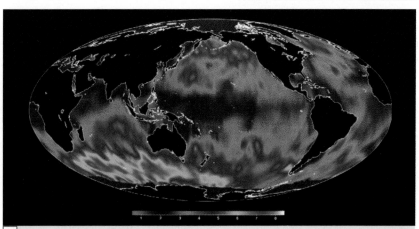

Medición de altura media de las olas llevada a cabo por el satélite TOPEX/Poseidón. En las grandes depresiones de la Antártida, al sur del océano Índico (en rojo y amarillo), las olas alcanzan regularmente 8 m de altura.

Formación de las olas

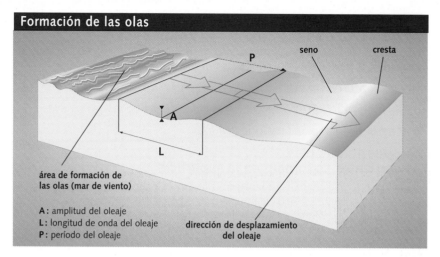

seno

cresta

P

A

L

área de formación de
las olas (mar de viento)

A: amplitud del oleaje
L: longitud de onda del oleaje
P: período del oleaje

dirección de desplazamiento
del oleaje

Desde un punto de vista técnico, el oleaje se caracteriza por su amplitud, es decir, el desnivel entre la cresta y la base de sus olas, por su longitud de onda (la distancia entre dos olas sucesivas) y por su período (tiempo que necesita una ola para recorrer la distancia equivalente a la longitud de onda). Para obtener la velocidad del oleaje se divide la longitud de onda por el período. Si esta velocidad es muy rápida, las olas romperán formando continuas crestas de espuma. Pero si la velocidad está próxima a la del viento, el oleaje comenzará entonces un largo viaje a través del océano, mantenido por el flujo de aire.

Miles de kilómetros

El oleaje que se forma en las grandes depresiones de la Antártida puede atravesar todo el Atlántico, recorriendo miles de kilómetros, y unir al final del recorrido sus efectos a las tempestades que se producen frecuentemente en las costas de Irlanda. Este efecto del oleaje contribuye a formar, en todos los océanos, la personalidad de cada una de sus regiones, que es el reflejo de una situación meteorológica determinada.

Olas de gran altura

Cuanto más fuerte sopla el viento y sobre una mayor extensión, más altas serán las olas. Un viento de 40 km/h soplando sobre 200 km genera olas de 2,50 m; a 100 km/h sobre 400 km de distancia, la altura de las olas es de más de 11 m. Por término medio, las olas tienen una amplitud de 1 m en el canal de la Mancha, mientras que en Australia superan los 4 m de altura.

Los vientos creados por el anticiclón de las Azores, por ejemplo, formarán fuertes oleajes, con olas de más de 6 m de altura que alcanzarán las costas occidentales de España y Portugal. Pero cuando la ausencia de un anticiclón deja paso a las depresiones y a las tempestades, se originan oleajes más breves pero más violentos.

En resumen, el estado del mar será el reflejo de una situación compleja, que conjuga olas de origen diverso con el estado del mar propio de cada zona.

Las corrientes marinas

Empujadas por el viento, las aguas de la superficie del océano se desplazan en una dirección determinada. Estas corrientes de la superficie transportan el agua caliente hacia las zonas frías y el agua fría hacia las regiones cálidas.

Las corrientes se forman en la superficie

Los efectos de la atmósfera (y por tanto de los movimientos del aire) sobre los océanos desaparecen rápidamente a medida que aumenta la profundidad. Las corrientes marinas se forman en la superficie, bajo la acción del viento. Sus características son muy parecidas en el Atlántico, el Pacífico y el océano Índico.

En nuestro planeta, los vientos se distribuyen como consecuencia de su desplazamiento desde las zonas de altas presiones hacia las zonas de bajas presiones. Pero, como todo movimiento a gran escala, son desviados por las fuerzas causadas por la rotación de la Tierra, hacia la derecha en el hemisferio Norte y hacia la izquierda en el hemisferio Sur. Estas desviaciones, llamadas fuerza de Coriolis, son mayores cuanto más nos alejamos del ecuador. Desde el ecuador hasta los polos, dan lugar, sucesivamente, a los alisios (vientos que soplan hacia el Noreste o el Sureste según el hemisferio), los westerlies o vientos del Oeste (de sector Suroeste o Noroeste), y los vientos del Este.

Remolinos gigantes

En las latitudes bajas y medias, la circulación del agua en la superficie forma grandes remolinos que giran en forma anticiclónica. Éstos transportan el agua girando en la dirección de las agujas del reloj en el hemisferio Norte y en sentido inverso en el hemisferio Sur. Al oeste de los océanos, corrientes estrechas e intensas se separan del ecuador para poner rumbo hacia los polos (corrientes de Kuro-Sivo, de Australia, de Florida, de Brasil...). Hacia los 30-40° de latitud, ceden su lugar a largos canales de agua, las derivas, que se dirigen hacia el Este (deriva noratlántica, deriva norpacífica, corriente circumantártica). Finalmente, corrientes de retorno —hacia el Norte o el Sur— cierran el circuito (corrientes de California, de Humboldt, de Canarias...).

El océano Índico constituye un caso particular: el régimen de los monzones, con sus vientos soplando unas veces de las monta-

Una infinidad de meandros

Las cartas de corrientes dan una imagen equivocada de la circulación, ya que se han establecido a partir de promedios, y no reflejan la multitud de meandros y torbellinos cuya intensidad fluctúa tanto en el tiempo como en el espacio.

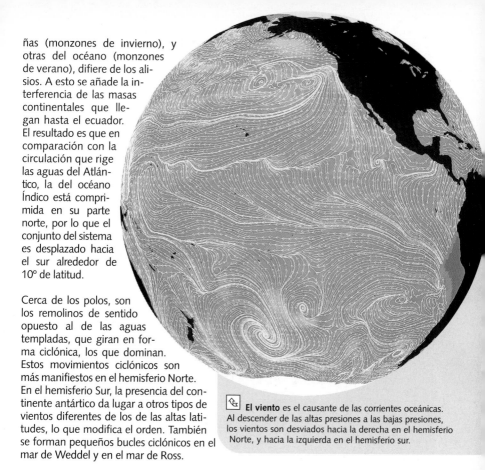

ñas (monzones de invierno), y otras del océano (monzones de verano), difiere de los alisios. A esto se añade la interferencia de las masas continentales que llegan hasta el ecuador. El resultado es que en comparación con la circulación que rige las aguas del Atlántico, la del océano Índico está comprimida en su parte norte, por lo que el conjunto del sistema es desplazado hacia el sur alrededor de 10° de latitud.

Cerca de los polos, son los remolinos de sentido opuesto al de las aguas templadas, que giran en forma ciclónica, los que dominan. Estos movimientos ciclónicos son más manifiestos en el hemisferio Norte. En el hemisferio Sur, la presencia del continente antártico da lugar a otros tipos de vientos diferentes de los de las altas latitudes, lo que modifica el orden. También se forman pequeños bucles ciclónicos en el mar de Weddel y en el mar de Ross.

El viento es el causante de las corrientes oceánicas. Al descender de las altas presiones a las bajas presiones, los vientos son desviados hacia la derecha en el hemisferio Norte, y hacia la izquierda en el hemisferio sur.

Ciclones y anticiclones

Además de los vientos, la topografía del océano también interviene en la formación de los torbellinos originados por las corrientes. Tomemos el caso del hemisferio Norte. Debido al efecto de la fuerza de Coriolis, los vientos de sector suroeste empujan enormes masas de agua hacia el sur, mientras que los alisios transportan grandes cantidades hacia el norte. El resultado es que el agua se acumula en el centro de los remolinos anticiclónicos, formando elevaciones que pueden superar el metro de altura. Por el contrario, los vientos del este de las altas latitudes llevan el agua hacia el norte, cuando los westerlies la llevan hacia el sur. Atraída a la vez por el norte y por el sur, el agua forma una depresión en el seno de los remolinos ciclónicos. Ahora bien, de forma natural, el agua circulará siempre de arriba abajo. Como su trayecto es desviado por la fuerza de Coriolis, circulará entonces de forma perpendicular a la pendiente y girará en círculos.

Movimiento de las aguas en el océano

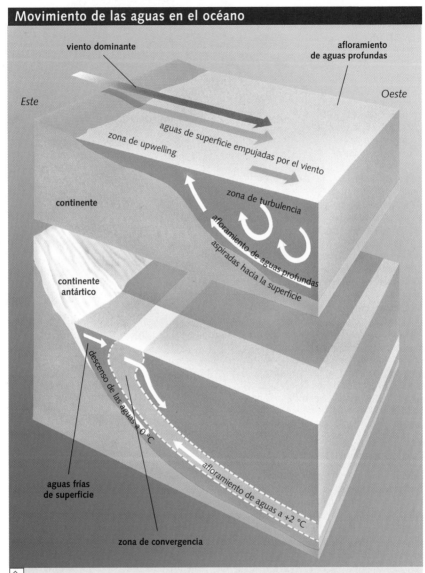

viento dominante

afloramiento de aguas profundas

Oeste

Este

aguas de superficie empujadas por el viento

zona de upwelling

zona de turbulencia

afloramiento de aguas profundas aspiradas hacia la superficie

continente

continente antártico

descenso de las aguas a 0 °C

afloramiento de aguas a +2 °C

aguas frías de superficie

zona de convergencia

Empujadas por los vientos dominantes, las aguas de superficie que se desvían hacia el borde de los continentes crean un afloramiento de aguas profundas. En el caso de la Antártida es diferente: en superficie, el hundimiento de aguas frías y densas se acompaña de un ascenso de aguas profundas.

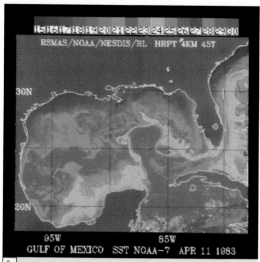

GULF OF MEXICO SST NOAA-7 APR 11 1983

En la práctica, la amplitud de estas elevaciones y depresiones no es sólo debida a los vientos y a la rotación terrestre. También está relacionada con la densidad del agua, que depende de la temperatura y de la salinidad. Cuanto menor es la densidad, más se dilata el agua, lo que hace subir su nivel. Un ejemplo de ello es que el agua es más alta en el mar de los Sargazos que en el norte de la corriente del Golfo, y más baja en el Mediterráneo que en el océano Atlántico.

Como la corriente del Golfo, que bordea las costas de Florida, otras corrientes cálidas, situadas en la parte occidental de los océanos, transportan sus aguas hacia los polos.

Ribetes de agua al oeste de los océanos

El nivel del agua es también más elevado en el borde oeste de los océanos por dos razones. La primera tiene que ver con el debilitamiento de la fuerza de Coriolis cerca del ecuador, por lo que el agua es empujada en el sentido del viento, es decir, hacia el oeste. La radiación solar es máxima en esta latitud: el agua está muy caliente y muy dilatada. Cuando, después de su largo viaje hacia el oeste, el agua se encuentra con un continente, se acumula en sus costas, hasta alcanzar un nivel 50 cm superior al nivel del agua en el otro lado del océano. Esto provocará que una parte del agua se una a las corrientes que remontan hacia las altas latitudes. Otra parte sigue el sentido de la pendiente y forma a poca profundidad corrientes de retorno hacia el este: son las corrientes ecuatoriales.

> **LÉXICO**
>
> **[Subcorriente]**
> Corriente que transporta el agua bajo el mar.
> **[Sverdrup]**
> Unidad usada para medir el flujo de agua transportada, que equivale a un millón de metros cúbicos de agua por segundo.

Millones de metros cúbicos de agua

Las masas de agua transportadas por las grandes corrientes marinas son considerables. La corriente del Golfo desplaza casi 30 millones de m³ de agua por segundo a lo largo de la costa de Florida y más de 100 millones a la altura de Terranova. En cambio la cantidad de agua transportada por todos los ríos del mundo es de apenas 1 millón de m³.

Corrientes verticales

Todos estos movimientos del agua se producen en sentido horizontal. Pero también existen movimientos en sentido vertical. Sobre el borde este de los océanos, el agua es expulsada mar adentro, lo que crea una corriente de aguas profundas, denominada *upwelling*. Las corrientes ascendentes aparecen donde las corrientes de superficie divergen, mientras que el agua tiene tendencia a descender donde convergen. Este fenómeno es la causa de la formación de las agua profundas.

La densidad del agua

Bajo el efecto de la evaporación y del descenso de las temperaturas, el agua se vuelve más densa y, por tanto, más pesada. Cuando esto ocurre se hunde hacia las grandes profundidades en las altas latitudes, y comienza la vuelta al mundo...

Las diferencias de densidad

Cuando el agua se evapora por efecto de los vientos invernales, o cuando se congela debido al frío, aumenta la salinidad y baja la temperatura del agua del mar. Estos dos parámetros controlan la densidad del agua. El agua de la superficie, que se vuelve más densa, tiende a hundirse hacia las grandes profundidades. Este fenómeno es más importante cuanto mayor es la salinidad; por ello en las regiones polares nacen las aguas profundas que se encuentran en el fondo de todos los océanos. La circulación de estas aguas profundas, ligada a las condiciones de temperatura y de salinidad, se denomina circulación termohalina.

Se puede observar en el Atlántico norte, sobre todo en el mar de Noruega, y también en el mar de Groenlandia y en el mar del Labrador. Las aguas de salinidad elevada (35,25 %) transportadas desde el Caribe por la corriente del Golfo, sufren un fuerte descenso de su temperatura, lo que aumenta su densidad y las hace sumergirse. Así se acumulan en el fondo de la cuenca de Noruega, hasta que alcanzan el nivel suficiente para superar el estrecho que les obstaculiza el tránsito hacia el océano Atlántico, desde donde pondrán rumbo hacia

El indispensable Mediterráneo
Si el mar Mediterráneo no existiera, la circulación termohalina sería menos intensa. La alta salinidad de sus aguas (38,5% a la salida de Gibraltar) tiene una gran influencia en la salinidad de las aguas atlánticas. A semejanza de la acción del mar Rojo en el océano Índico, el mar Mediterráneo forma hacia los 1 000 m de profundidad lenguas de agua salada que se desplazan en el océano Atlántico.

el Sur, en un recorrido descendente que llegaría finalmente hasta el océano Antártico.

⌖ **En el mar de Ross** (la fotografía muestra la barrera de hielo que lo bordea), y en el mar de Weddel, las aguas, más saladas y frías en otoño y en invierno, se hunden hacia los grandes fondos.

Las aguas profundas del Antártico

Desde el continente antártico hasta los 60° de latitud sur, se suceden las banquisas. Durante el otoño y el invierno australes (entre abril y octubre), los hielos sustraen el agua dulce del mar, y la hacen más salada que la de los alrededores. Debido a las bajas temperaturas que dominan esta agua salada se precipitará hacia el fondo.

En el mar de Weddel, y en menor medida en el mar de Ross, las aguas se hunden hasta los —4 000 m y constituyen las aguas del fondo antártico. El agua antártica intermedia se desliza por el contrario bajo las aguas más cálidas, pero permanece sobre las aguas densas provenientes del océano Atlántico. Para llegar hasta estas regiones estas últimas han necesitado casi 500 años, ya que su velocidad media es de 1 mm por segundo. Estas aguas remontan en parte hasta las proximidades del continente antártico, donde confluyen las corrientes de superficie que circulan en sentidos opuestos. Pero también se van a incorporar a ellas lentamente aguas del fondo antártico, ricas en sales nutritivas y oxígeno. Su periplo está lejos de terminar: seguirán camino hacia el océano Índico y el Pacífico, incluso comenzarán una vuelta al mundo para remontar finalmente hacia el Atlántico norte.

LÉXICO

[Upwelling]
Ascenso de aguas profundas que se produce en las bajas latitudes sobre el borde oeste de los continentes, generadas por las aguas de superficie que se dirigen hacia alta mar.

[Corrientes de compensación]
Capas de agua que circulan en la superficie o en profundidad, que anulan el exceso o el déficit de agua en una región; como las subcorrientes ecuatoriales.

El océano termorregulador

El océano almacena el calor de forma eficaz, pero también puede distribuirlo a través de las corrientes marinas. Por este motivo tiene un papel fundamental en el equilibrio térmico y en la climatología.

En los diez primeros centímetros

El agua del mar está mucho más caliente en verano. El océano es capaz de absorber en los primeros 10 cm de la superficie todos los rayos infrarrojos que le envía el Sol, y de transformarlos en calor. El resultado es que la temperatura media anual de la superficie de los océanos es de 17,5 °C, mientras que la del aire es algo menor, de 14 °C. Además, el agua en estado líquido, sólido y gaseoso no reacciona de la misma manera frente a los rayos del Sol. Una capa de agua de mar de 2,60 m de altura almacena tanto calor como la totalidad de la columna de aire suspendida sobre ella. Pero los océanos tienen una profundidad de más de 3 000 m. La temperatura del agua en la superficie del mar no varía nunca más de 5 °C según las estaciones, aunque puede acusar variaciones de 40 °C en los continentes. Así pues, el océano desempeña un papel fundamental: se podría comparar con una gigantesca máquina térmica que distribuye o aumenta el calor.

Tres niveles de regulación

La regulación oceánica tiene lugar en varios niveles. El océano devuelve hacia la atmósfera los rayos infrarrojos, pero también le cede calor por simple conducción, calentando así el aire cuya temperatura es menos elevada. También puede cederle energía en forma de calor latente, es decir, no inmediatamente disponible: el agua evaporada le restituirá al aire su calor cuando se condense a media o alta altitud para formar las nubes.

Estos flujos de calor se experimentan tanto en el tiempo

Como una gigantesca máquina térmica, el océano actúa en estrecha relación con la atmósfera: según la estación y la latitud, almacena calor o por el contrario lo disipa.

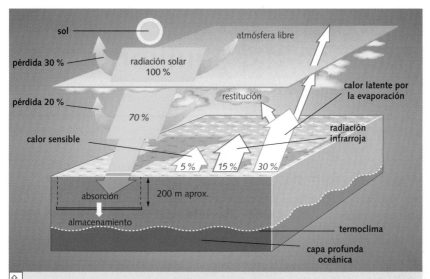

Intercambios océano-atmósfera. El océano absorbe la radiación solar durante la estación cálida, y lo almacena en las capas más profundas cuando comienza el frío. Entonces puede restituir el calor a la atmósfera de diferentes formas.

como en el espacio. El calor almacenado por el agua en primavera y en verano es liberado a la atmósfera en invierno. Esto explica que el clima invernal sea más suave cerca del océano que en medio del continente. Al ascender las aguas cálidas hacia las regiones frías, las corrientes marinas de superficie desempeñan una importante función, gracias a la estrecha colaboración entre el océano y la atmósfera. Las regiones próximas al ecuador son fuertemente calentadas por el Sol. El aire caliente y ligero se eleva para alcanzar los polos, donde, al enfriarse, desciende de nuevo en dirección al ecuador. Este fenómeno crea los vientos que forman las corrientes marinas de superficie. Estos vientos empujan las aguas cálidas tropicales hacia las altas latitudes donde se enfriarán, perdiendo calor en provecho de la atmósfera que se calentará. Al bajar su temperatura y aumentar su densidad, las aguas descienden hacia el fondo y dan media vuelta por la llamada circulación termohalina.

Una cuestión de equilibrio

Globalmente, el balance térmico de la Tierra es casi constante, ya que recibe cada año la misma cantidad de calor que pierde. Pero en algunas regiones del planeta este equilibrio no se mantiene: en las bajas latitudes, donde el aporte de calor es excesivo, y en las altas latitudes donde la pérdida es elevada. Esto implica que existe una transferencia de calor entre las bajas y las altas latitudes, en la que la participación de los océanos es del 30 al 50 %.

LÉXICO

[Conducción]
Transferencia de calor inducida por una diferencia de temperatura.
[Calor latente]
Calor cedido durante los procesos de condensación del vapor de agua.
[Rayos infrarrojos]
Rayos del espectro solar cuya longitud de onda es inferior a la longitud de onda de la luz roja.

El océano, guardián del equilibrio

El océano y la atmósfera intervienen de forma decisiva sobre los ciclos de cuatro elementos indispensables para la vida: el agua, el carbono, el nitrógeno y el oxígeno.

Un gran depósito de agua

Las aguas oceánicas, con sus 1 350 millones de km^3, contienen más del 97 % del agua del planeta. Por el efecto de la evaporación, intensa en las zonas tropicales donde la temperatura del agua del mar llega en la superficie a 30 °C, los océanos remiten a la atmósfera cinco veces más agua que la evaporación y la transpiración de las plantas terrestres. La atmósfera se la devuelve en parte a través de la lluvia. El resto le es restituido por los cursos de agua y las capas freáticas.

Una pequeña parte del agua (alrededor de unos 25 millones de km^3) se encuentra en forma de hielo; por esta razón cuando los hielos ganan en volumen, el océano lo pierde, mientras que el deshielo genera por el contrario un aumento considerable del volumen oceánico.

Como consecuencia de este fenómeno se produce el efecto invernadero y, por tanto, el recalentamiento climático, donde el océano desempeña otro papel fundamental, puesto que es una verdadera trampa de dióxido de carbono (CO_2). En la actualidad, el efecto invernadero se ha convertido en un importante foco de atención para toda la comunidad científica.

La evaporación, que restituye a la atmósfera, en forma de vapor de agua (en amarillo), una parte del calor almacenado por el océano, es más intensa en las zonas tropicales.

Un pozo de CO$_2$

El dióxido de carbono, producido por la respiración de los seres vivos, la actividad volcánica y la combustión por parte del hombre de energías fósiles, es utilizado tanto en el mar como en la Tierra para la fotosíntesis de los vegetales (ver capítulo 4). Pero, en los océanos, es también absorbido bajo una forma combinada con el calcio en las valvas de los organismos marinos, o bien aspirado en grandes cantidades por un intercambio de gas con la atmósfera. El dióxido de carbono tiene una presión superior en el aire a la que tiene en la superficie del océano, por este motivo es absorbido por el océano. La presión del CO$_2$ disuelto en el agua depende de la temperatura del agua, de la actividad biológica y de las corrientes. Esta presión es mínima en las aguas de la superficie, pero aumenta en el curso de su largo viaje hacia las profundidades marinas. Cuando ascienden desde el fondo en las zonas de afloramiento próximas al ecuador, las aguas liberan el exceso de gas carbónico en provecho de la atmósfera.

La aspiración que se produce a la inversa en las altas latitudes compensa con creces estas pérdidas. El océano se comporta como un pozo de CO$_2$: absorbe más cantidad de la que libera. Cada año, sustrae de la atmósfera cerca de 2 000 millones de toneladas. Como el hombre aporta 7 000 millones de toneladas por año, el océano no puede absorber el excedente. Sin embargo, se cree que podría adaptarse aumentando progresivamente su capacidad de almacenamiento. La presión del CO$_2$ en la superficie del océano y en las aguas profundas ha aumentado en un siglo. Falta saber hasta dónde puede el océano compensar —parcialmente— el vertido humano de carbono en la atmósfera.

LÉXICO

[Evaporación]
Agitadas por el viento o calentadas por el Sol, las moléculas de agua adquieren energía suficiente para pasar del estado líquido al gaseoso: es la evaporación.

[Transpiración]
A través de pequeños orificios de sus tejidos, las plantas pierden constantemente agua en forma de vapor. Este proceso se denomina «evapotranspiración».

[Efecto invernadero]
Retención de los rayos infrarrojos emitidos por la Tierra causada por algunos gases (vapor de agua, dióxido de carbono y otros gases de la atmósfera), que contribuye al calentamiento del planeta.

El océano: una «burbuja» de gas carbónico

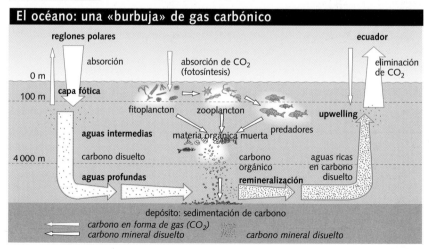

🔍 **Las aguas de superficie** son pobres en sustancias minerales, debido a la intensa actividad biológica del plancton.

Rico en las profundidades, pobre en la superficie

El nitrógeno

El nitrógeno se encuentra en los océanos, pero son pocas las especies capaces de asimilarlo. Normalmente lo utilizan en forma de nitratos (4/5) y de amonio (1/5). El plancton vegetal es un gran consumidor, y es el causante de que la concentración de nitratos sea muy baja e incluso nula en el agua de la superficie. En cambio, aumenta con la profundidad, como casi todos los elementos químicos del océano.

Igual que sucede con el carbono, numerosos elementos químicos indispensables para la vida (hierro, nitrógeno, azufre, fósforo) escasean en el agua de la superficie, pero son muy abundantes en los fondos marinos. Esta escasez es signo de la intensa actividad biológica que reina en la capa de agua más iluminada. Así, los nitratos, formados por la oxidación del nitrógeno, son asimilados por el plancton de superficie, y después depositados en las profundidades

por la transformación química de los restos orgánicos que se depositan en el fondo. Por la misma razón, el oxígeno tiene una distribución opuesta. Su concentración máxima en las aguas de superficie batidas por el viento disminuye a medida que se desciende hacia el fondo. La cantidad en hierro de las aguas de superficie tiene también una función importante. Este elemento es generalmente aportado por el agua de los ríos, los sedimentos costeros o la ascensión de aguas profundas en alta mar, así como por el polvo cargado de partículas de hierro provenientes del desierto, transportado por el viento a grandes distancias. Cuando este aporte de hierro no se produce, como en el caso del Pacífico Este-ecuatorial y el Pacífico Norte, la fotosíntesis se resiente, aunque el agua de superficie sea rica en sales nutritivas.

Una pareja inseparable

De forma periódica los alisios, que normalmente empujan las aguas costeras de Perú mar adentro, amainan hasta el punto que las aguas ricas en sales nutritivas no suben a la superficie, afectando gravemente a la pesca de la anchoa. Este fenómeno, que se produce hacia Navidad, se conoce como El Niño. Sus repercusiones se extienden a todo el planeta, provocando en unas zonas graves sequías, y en otras, tornados y tempestades inhabituales.

Una fuente de oxígeno

Como todos los gases, el oxígeno está en permanente intercambio entre el aire y el agua en las capas menos profundas del océano. El oxígeno constituye, después del nitrógeno, uno de los principales gases de la atmósfera, ya que representa más del 20 % de su composición. Pero es también un subproducto de la fotosíntesis: las algas y el plancton vegetal que fabrican sus azúcares a partir del dióxido de carbono, del agua y de la luz desprenden oxígeno. Este proceso es el que ha permitido el desarrollo de la vida en la Tierra.

El oxígeno se disuelve mejor en el agua a baja temperatura. Sin embargo, se utiliza para la oxidación de numerosos compuestos orgánicos, lo que explica que su concentración sea inferior allí donde los organismos se acumulan. Su distribución vertical es así diametralmente opuesta a la de otros elementos químicos. Por esta razón, las aguas del Atlántico Norte se enriquecen en nitratos y en dióxido de carbono durante su trayecto, mientras que pierden oxígeno en su descenso a las profundidades.

(**A**) demás de una inmensa reserva de especies, el océano es también el medio en el que el número de intermediarios entre productores y consumidores de materia orgánica es más elevado. La vida se ha adaptado a las condiciones que el océano le ofrece: así encontramos organismos que flotan a merced de las corrientes, otros capaces de resistir nadando activamente, e incluso algunos que se entierran en la arena o se fijan a las rocas... La vida es a veces exuberante, como en los arrecifes coralinos. Otras veces aparece casi desprovista de todo, como en los fondos abisales.

En el medio pelágico, el delfín comparte el nivel superior de la pirámide ecológica con los otros grandes mamíferos marinos y los tiburones.

La vida
en el océano

Un ambiente difícil para la vida

Aunque pueda parecer lo contrario, el océano es un medio difícil para el desarrollo de la vida: la temperatura y la luz varían según la profundidad y la disponibilidad de sales nutritivas es variable.

La luz, fuente de vida

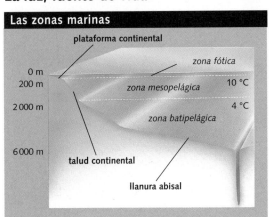

Las zonas marinas

plataforma continental

zona fótica

0 m
200 m
2 000 m
6 000 m

zona mesopelágica

10 °C

4 °C

zona batipelágica

talud continental

llanura abisal

Como las plantas sobre la tierra, las algas fabrican las sustancias que necesitan para vivir gracias a la luz, por el proceso llamado *fotosíntesis*. Estos vegetales son el alimento de otros animales, los cuales constituyen a su vez la comida de organismos carnívoros, y así continúa la cadena alimentaria. Pero mientras en la tierra la luz está siempre disponible, sus rayos son absorbidos con gran rapidez por el agua. A partir de una determinada profundidad, llamada de compensación, se encuentra tanta cantidad de sustancias fabricada por fotosíntesis como la que es utilizada por los organismos para su respiración. Esta profundidad, que determina el espesor de una capa que se denomina *eufótica*, varía en función del momento del día, de la estación y de la transparencia del agua; no supera los 40 m de profundidad en las aguas costeras de las zonas templadas, pero puede descender a más de 100 m en las aguas cristalinas de los trópicos. Los animales pueden desarrollarse y crecer a mayor profundidad, pero esto no es posible para los vegetales.

Sales para el desarrollo

Además de la luz, la fotosíntesis requiere dióxido de carbono y sales nutritivas. El dióxido de carbono, aunque es más abundante en las aguas frías y profundas que en las aguas claras de la superficie, está siempre disponible en cantidad suficiente. No ocurre lo mismo con las sales nutritivas. Por ejemplo, el nitrógeno, por sus nitratos, y el fósforo, por sus fosfatos, constituyen factores limitadores: sólo las aguas marinas alimentadas por ríos o por ascensos de aguas profundas contienen cantidades suficientes de estos elementos para permitir que las algas puedan desarrollarse. A esto hay que añadir el efecto de la temperatura por encima y por debajo de la cual la actividad vegetal se paraliza. Otro factor importante es el nivel de oxigenación del agua, que aumenta a medida que la temperatura desciende.

La vida marina se distribuye en primer lugar en función de la luz. En los primeros 200 m, donde es posible la fotosíntesis, muestra su mayor riqueza.

Vivir en mar abierto o en el fondo

Paradójicamente, en las aguas más cálidas se halla la mayor variedad de especies, pero sus poblaciones son menos abundantes: se cuentan sólo 0,5 kg de materia viva por m^2 en la zona intertropical, mientras que esta materia puede llegar a 2 kg por m^2 en las latitudes medias y altas. Por otra parte, en alta mar, el océano tiene el aspecto de un desierto, ya que la vida se concentra en la zona de la plataforma continental (entre 0 y 200 m de profundidad, sobre el borde de los continentes). Los organismos pelágicos viven en mar abierto (zona pelágica, que comprende todo el medio marino, excepto el litoral y el fondo) y los organismos bentónicos, lo hacen en el fondo. La frontera entre estos dos mundos no está muy definida. Gran número de gusanos, moluscos, crustáceos y peces pasan su vida larvaria navegando entre dos aguas, antes de alcanzar la edad adulta.

Mapa (páginas siguientes)

La vida se concentra en las aguas costeras que se benefician de importantes aportes de sales nutritivas, en especial al oeste de los continentes. Las zonas situadas en el centro de la circulación oceánica parecen desiertos ecológicos: en ellas el fitoplancton (plancton vegetal), el zooplancton (plancton animal) y el bentos (organismos que viven en el fondo marino) son poco abundantes.

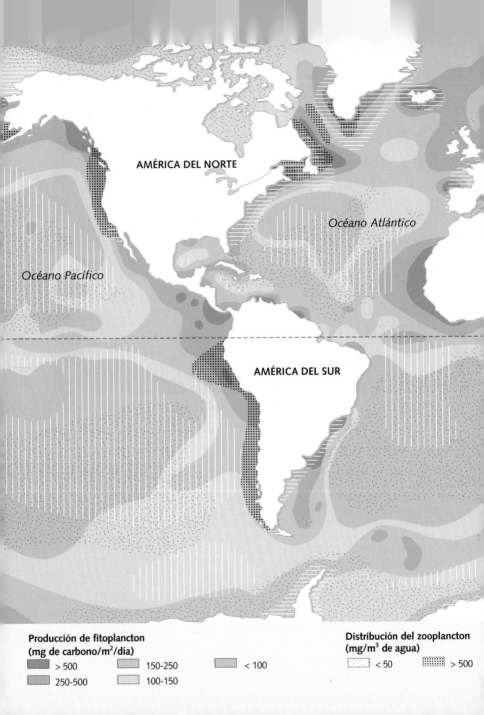

AMÉRICA DEL NORTE

Océano Atlántico

Océano Pacífico

AMÉRICA DEL SUR

**Producción de fitoplancton
(mg de carbono/m²/día)**

■ > 500

■ 250-500

■ 150-250

□ 100-150

□ < 100

**Distribución del zooplancton
(mg/m³ de agua)**

▨ < 50

▦ > 500

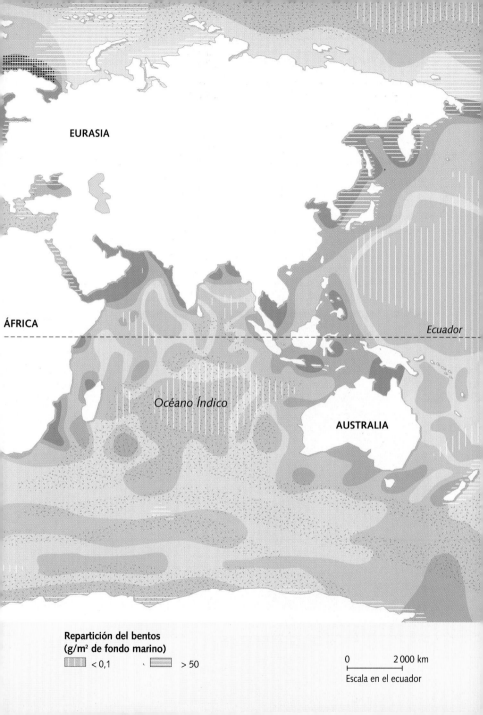

EURASIA

ÁFRICA

Ecuador

Océano Índico

AUSTRALIA

**Repartición del bentos
(g/m² de fondo marino)**

< 0,1   > 50

0   2 000 km

Escala en el ecuador

Una gran cadena

La vida marina se organiza entre cazadores y cazados.

Las algas, primer eslabón, permiten el crecimiento y desarrollo
de una larga cadena de animales, que se alternarán
como productores y consumidores.

Algunos millones de especies

El océano contiene un número considerable de especies que se estima en varios millones. Estas especies se distribuyen, en función de los recursos disponibles, en mar abierto y en todo tipo de fondos, y mantienen relaciones complejas de producción y de consumo. Pueden representarse como los eslabones de una larga cadena, la cadena trófica. O bien como los niveles sucesivos de una pirámide cuya distribución es la siguiente: en la base, los vegetales de menor tamaño (primeros productores de materia viva), y, en la cúspide, los carnívoros de mayor tamaño (últimos consumidores) y el hombre. En la parte central se encuentra el resto de vegetales y animales.

Las aguas tropicales son especialmente ricas: peces, corales, esponjas y muchas otras especies establecen relaciones ecológicas múltiples y complejas.

Algas marinas, diatomeas y otros vegetales minúsculos proporcionan, de manera directa o indirecta, casi todo el alimento necesario para el crecimiento, locomoción y reproducción de los animales marinos. Los herbívoros (larvas, pequeños crustáceos) que los consumen se sitúan generalmente en su proximidad inmediata. Éstos son a su vez comidos por otros animales (crustáceos de mayor tamaño, peces pequeños...), a los que se denomina *carnívoros primarios*. Éstos son presa de los

LÉXICO

[Biomasa]
Cantidad de materia viva por unidad de volumen.

Un esquema simplista

La cadena alimentaria marina presenta un cierto desorden en la organización de los, en apariencia, sucesivos escalones. En primer lugar, porque una misma especie raramente tiene el mismo régimen alimentario en los diferentes estadios de su vida, por tanto, no es posible situarla de forma precisa. En segundo lugar, porque estos regímenes mezclan a menudo varios niveles: es posible encontrar a la vez vegetales y animales. Y por último, porque el canibalismo no es infrecuente, lo que complica aún más las cosas.

carnívoros secundarios (peces grandes...), ellos mismos víctimas de los carnívoros de tercer grado y así continúa hasta llegar a los grandes depredadores. Para finalizar, las bacterias se unen al conjunto y descomponen la materia muerta para volver a ponerla en circulación en forma de sales nutritivas. De esta manera se cierra el ciclo de la vida.

Cuatro o cinco eslabones

En general, se cuentan cuatro o cinco niveles tróficos en el mar. Con excepción de los vegetales, todas las especies son a la vez productoras y consumidoras de materia viva: las anchoas consumen minúsculos vegetales y animales de la zona pelágica, siendo éstas a su vez la presa predilecta de los peces de mayor tamaño, con respecto a los cuales ellas son productoras. Pero en cada cambio de nivel se pierde una gran cantidad de energía: las anchoas necesitan 240 millones de toneladas de alimento para formar un stock de 24 millones de toneladas de peces. Se estima el conjunto de la producción secundaria en un 0,25% de la producción primaria. Así, para producir los 1 250 millones de toneladas de materia animal que contiene el océano, son necesarios 500 000 millones de toneladas de organismos vegetales. Con estos datos es fácil comprender el impacto considerable que puede tener el hombre al actuar sobre determinados eslabones de la cadena.

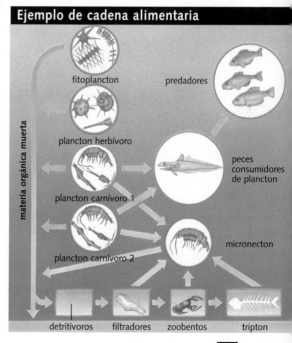

Ejemplo de cadena alimentaria

fitoplancton

predadores

plancton herbívoro

materia orgánica muerta

plancton carnívoro 1

peces consumidores de plancton

plancton carnívoro 2

micronecton

detritívoros   filtradores   zoobentos   tripton

La vida en mar abierto

Vivir en mar abierto tiene sus ventajas y sus inconvenientes. Por ejemplo, es cierto que hay más luz que en el fondo, pero también las corrientes son más fuertes. Algunos organismos se dejan llevar, otros resisten nadando activamente.

Dejarse llevar... sin hundirse

Los organismos pelágicos deben adaptarse a las corrientes. Algunos se liberan nadando enérgicamente (necton), otros se dejan llevar por las corrientes. El plancton pertenece al

El plancton está formado por organismos muy pequeños y más o menos transparentes, con órganos (flotadores, flagelos, cilios...) que les permiten permanecer en la superficie.

Organismos insospechados

El fitoplancton comprende organismos todavía más pequeños: las bacterias. Aunque hasta hace poco tiempo, su papel se consideraba insignificante, constituyen los seres más numerosos del plancton. Su tamaño ínfimo, comprendido entre 0,2 y 2 milímetros de milímetro (100 veces más pequeño que el de las algas unicelulares), es compensado por su número: una gota de agua contiene 1 000 veces más bacterias que algas unicelulares. Como muchas de estas bacterias realizan la fotosíntesis, éstas desempeñan un papel fundamental en la producción de materia orgánica en el océano, como primer eslabón de la cadena alimentaria.

segundo grupo. Para no hundirse hacia las profundidades oscuras y frías, los organismos del plancton, a menudo de muy pequeño tamaño (inferior a 1 mm), poseen un esqueleto ligero y auténticos flotadores; flagelos, cilios e incluso aletas son otros de sus recursos. Estos organismos, solitarios o formando colonias, son generalmente transparentes. Aunque también pueden presentar un color azul intenso, que los hace invisibles en las aguas donde viven, o fundirse con los colores de las grandes profundidades, adoptando un color castaño rojizo. En conjunto, agrupan el 90 % de los organismos vivos del océano y se distinguen dos grandes categorías: el plancton vegetal o fitoplancton, y el plancton animal o zooplancton.

El plancton vegetal

El fitoplancton sólo se encuentra en la zona del océano que recibe la luz solar. Está formado sobre todo por algas microscópicas constituidas por una sola célula, solitarias o agrupadas en pequeñas colonias. Las principales son las diatomeas, protegidas por una envoltura silícea; las dinofíceas, cuyo recubrimiento de celulosa está provisto de dos flagelos, y las coccolitoforídeas, minúsculas flageladas con concha externa calcárea. Las primeras tienen una amplia distribución, pero son más abundantes en las aguas frías de los océanos Ártico y Antártico. Las dinofíceas proliferan en las zonas tropicales y son las responsables de las «mareas rojas». Las coccolitoforáceas viven en aguas templadas y cálidas pobres en sales nutritivas.

Diatomeas

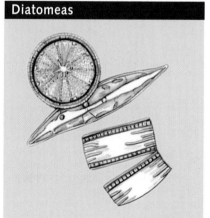

Gracias a la fotosíntesis, el fitoplancton fabrica él mismo los azúcares indispensables para su crecimiento. Además de una cierta cantidad de luz, el proceso requiere también sales nutritivas, que son aportadas por los ríos o por el movimiento del agua. Por este motivo el fitoplancton es más abundante cerca de la costa que en alta mar.

Se han contado, por ejemplo, más de 30 millones de diatomeas por litro de agua de mar en la desembocadura del río Senegal.

Diversidad del plancton animal

1: foraminífero (0,4 mm); 2 y 3: medusas (15 cm); 4: cetenarios (1,5 cm); 5: gusano anillado (7 mm); 6: molusco pterópodo (3 cm); 7: cetognato (3 cm); 8: gamba de profundidades (6 cm); 9: crustáceo copépodo (2 mm); 10: larva de langosta (1 cm).

Los grandes grupos marinos

El zooplancton representa el conjunto de organismos animales que se desplazan a merced de las corrientes. En el zooplancton se encuentran los representantes de todos los grandes grupos de animales, desde los protozoarios —seres unicelulares dotados de flagelos o de cilios— hasta las larvas de crustáceos y de peces. Su tamaño es rara vez inferior a la centésima de milímetro, un diámetro habitual en el fitoplancton. El tamaño varía considerablemente de un organismo a otro, desde las formas microscópicas hasta las medusas gigantes como la *Cyanea arctica*, que tiene 2 m de diámetro y presenta unos tentáculos cuya longitud es superior a 10 m.

Estos animales, que consumen fitoplancton u otros organismos marinos, no necesitan la luz. Se encuentran en todos los niveles de profundidad, aunque son más abundantes en los 1 000 primeros metros. A veces, son arrastrados al fondo por las masas de agua: poblaciones adheridas a las aguas frías de superficie pueden reencontrarse a gran profundidad cuando éstas se hunden bajo aguas más cálidas. Pero este plancton animal también puede realizar migraciones verticales, descendiendo durante el día para remontar por la noche. Esto le permite ser menos visible, y por tanto menos vulnerable.

Una vida compartida

Peces, erizos de mar, gambas, moluscos... son muchos los organismos marinos que forman parte del plancton durante su vida larvaria. Sus larvas, de pequeño tamaño, circulan sobre kilómetros en la superficie, antes de llegar al fondo. Sólo algunos retomarán la ruta hacia alta mar.
Su metamorfosis hace de ellos adultos bentónicos (que viven en el fondo) de comportamiento sedentario.

Predadores marinos

Gran tiburón blanco

Al contrario que el plancton, más o menos pasivo con relación a las corrientes, el necton se opone a ellas nadando de una forma rápida y constante. Está compuesto por gambas, pulpos, calamares y peces de tamaño variable, pero también por tortugas de mar y mamíferos

Los peces que habitan en la zona pelágica forman enormes bancos compactos para protegerse del ataque de los depredadores.

LÉXICO

[Meroplancton]
Plancton temporal constituido por aquellos animales con un estadio (larvario o adulto) planctónico.
[Holoplancton]
Organismos cuyo ciclo de vida completo se desarrolla en el plancton.

marinos. Los más pequeños se alimentan de plancton animal, como las anchoas, los arenques o las sardinas. Éstos son la presa de peces más grandes (caballa, chicharro, etc.), que, a su vez, hacen las delicias de los grandes depredadores marinos (atún, tiburón, delfín, foca, cachalote, orca...). Todos tienen un fuerte instinto gregario, que los lleva a formar bancos en el período de reproducción. Bancos que se forman tan rápidamente como se deshacen, y que les permiten circular de un extremo al otro del océano, en las grandes migraciones.

Movilidad del plancton animal

Aunque se dejan llevar por las corrientes, los organismos del plancton no son totalmente inertes. Pueden descender hacia las aguas profundas y más frías en invierno hasta que las condiciones vuelvan a ser favorables. De esta forma disminuyen su actividad y gastan menos energía. El movimiento puede venir también impuesto por el ciclo de vida: los huevos, las larvas, los individuos jóvenes y después los adultos no tienen las mismas necesidades, y por ello viven a diferente profundidad. Por otra parte, el desplazamiento permite acceder a los lugares donde el alimento es abundante. Así, algunos pequeños crustáceos nadadores recorren verticalmente más de 600 m.

La vida en el océano

La vida en el fondo marino

> Muchos organismos marinos evolucionan cerca del fondo o viven fijados a él. Son más abundantes cerca de la costa que en alta mar, donde deben enfrentarse al oleaje y las mareas.

Como estos **erizos de mar,** muchos organismos marinos pasan su vida larvaria en alta mar y su vida adulta en el fondo. Para ello deben adaptarse al medio y encontrar la manera de resistir el empuje de las olas.

El suelo es determinante

Después de pasar su vida larvaria a merced de las aguas, muchos organismos adultos optan por vivir en el fondo marino o en su proximidad. Estas especies, que en conjunto constituyen el bentos, deben superar algunas adversidades: si se alejan mucho de la costa el alimento escasea, y, si permanecen en el fondo, tienen que adaptarse a las condiciones locales de luz, temperatura, salinidad y, sobre todo, al medio (rocoso, arenoso...). Además, deben soportar la marea que transforma un suelo de guijarros inmóviles en un fondo tan inestable como la arena. La naturaleza del fondo marino, según éste sea blando (guijarros, arena, fango) o sólido (rocas, sustratos artificiales, cascos de navíos, etc.) es determinante. Así, la mayoría de las

Fondos cambiantes

Los medios arenosos albergan en ocasiones algas o esponjas incrustadas, que segregan caliza. Estas secreciones acaban por agregarse, y soldar los elementos antes móviles del suelo. Por el contrario, algunas algas y muchos mariscos, como la taraza (Teredo), pueden perforar la roca. Al pulverizarla, la transforman poco a poco en grava o arena gruesa. También es posible encontrar rocas cubiertas por una masa de desechos —trozos de algas, valvas vacías— que le dan el aspecto de un fondo blando.

grandes algas se adhieren a las rocas por zarcillos adventicios, mientras que las plantas más evolucionadas, como las posidonias o las zosteras, hunden sus raíces en la arena o en el fango. De igual forma, los animales fijados al fondo (anémona de mar, lirio de mar, mejillón, etc.) prefieren las superficies duras, mientras que los que se entierran (gusanos, berberechos, peces planos, etc.) escogen los suelos blandos. En definitiva, el bentos se divide en dos tipos: los organismos que viven en la superficie del fondo (fauna epigea) y los que viven en el interior del fondo (fauna endogea).

Resistir el asalto de las olas

El fondo marino ofrece muchas soluciones a sus habitantes. Los organismos llamados sésiles viven fijados al fondo de manera estable (lirio de mar, moluscos bivalvos, esponjas, ascidios). Para resistir el asalto de las olas se agarran a él: ésta es la función de los filamentos secretados por los mejillones, los sólidos zarcillos desarrollados por las algas, o del efecto de ventosa que producen los hongos patelariales al adherirse a su soporte. Otros organismos se arrastran sobre el fondo o caminan, aunque no recorren nunca grandes distancias ya que son sedentarios. Sobre el fondo duro de las aguas agitadas, las formas sedentarias, como los bígaros, los erizos de mar o las estrellas de mar, reptan literalmente pegados a tierra. Sobre la arena o por encima del fango, se encuentran potentes andadores como el cangrejo o el bogavante. Una tercera categoría de organismos (que incluye sobre todo el pulpo, crustáceos como la langosta, y algunos peces) se desplazan a más velocidad y recorren distancias mayores.

Andadores o nadadores, éstos pueden efectuar auténticas migraciones: es el caso de muchos crustáceos, cuyas hembras recorren hasta 200 km para poner los huevos cerca de la costa.

zarcillo fijador

Laminaria
(alga parda)

Pulpo

Taladradores y excavadores

Esta fauna está formada esencialmente por especies que taladran y excavan las rocas del fondo marino. Las esponjas (*Cliona*), por ejemplo, se incrustan en la roca calcárea agujereándola por medios químicos, mientras que los moluscos (*Pholas*) la liman para poder acondicionar su guarida. Los cavadores, adheridos al fondo blando, son más numerosos. Algunos no alteran en nada la estructura del sedimento: es el caso de los berberechos, diferentes especies de almejas, las navajas, o de los peces planos (lenguado, platija), que sólo buscan donde esconderse. Otros se fabrican un auténtico terrario, con paredes de consistencia mucosa más o menos sólidas: por ejemplo, los gusanos tubícolas y algunos erizos y crustáceos. Éstos mantienen siempre contacto con la superficie, por medio de conductos y orificios, lo que permite que el agua circule y les aporte nutrientes y oxígeno. Toda una fauna de pequeño tamaño vive permanentemente en el interior del sedimento, aprovechándose del agua que lo impregna: con sólo 2 mm de tamaño, minúsculos gusanos aplanados (planarias) y algunos pequeños crustáceos (copépodos, ostrácodos, isópodos) circulan libremente entre la arena. La arena y el fango ofrecen una vida más cómoda a sus ocupantes que los fondos rocosos. Como hundirse es fácil, no existe falta de espacio. Todo lo contrario de lo que ocurre en los fondos de superficie dura. En ellos, con excepción de las zonas que la marea deja al descubierto o de aquellas en las que la oscuridad es total, la tasa de ocupación suele estar próxima al 100 %. Los individuos pueden

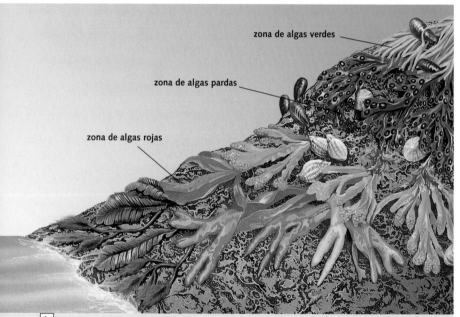

zona de algas verdes

zona de algas pardas

zona de algas rojas

Entre la marea alta y la marea baja, las algas constituyen unos buenos indicadores para definir los diferentes niveles de la vida llamada intertidal. Su presencia depende de la duración de la emersión, de la luz, de la agitación de las aguas, etc.

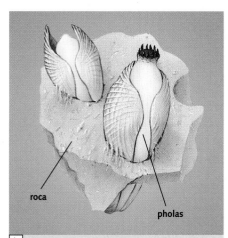

roca

pholas

El **Pholas** es un lamelibranquio capaz de agujerear las rocas duras, mediante sus valvas no articuladas.

apilarse (bálanos, lapas...), fijarse sobre otros ya instalados (pólipos de briozoarios sobre algas, anémonas de mar sobre las conchas de moluscos) o adoptar forma vertical (anatifas).

Filtradores inmóviles

La inmovilidad de estos seres condiciona su comportamiento, tanto en lo referente a su alimentación como a su reproducción. Incapaces de moverse, sólo pueden reproducirse por mediación de células sexuales evacuadas en el agua: su encuentro dará lugar a las larvas planctónicas que buscarán el sustrato adecuado para su desarrollo.

En cuanto a la alimentación, han desarrollado diferentes estrategias. Los moluscos bivalvos utilizan sus branquias para filtrar el agua, mientras que los gusanos tubícolas despliegan penachos ramificados para retener las partículas nutritivas. Otros capturan las minúsculas presas que se aventuran por sus parajes con sus tentáculos móviles (lirio de mar, anémona de mar). Nada comparable, sin embargo, al abanico de posibilidades que ofrece la movilidad de que gozan otros animales.

Una vida escalonada

La vida bentónica se distribuye sobre varios niveles. El nivel supralitoral sólo está cubierto por el agua de manera excepcional y sus habitantes son más terrestres que marinos. En el nivel mediolitoral, los organismos se han adaptado al ritmo de las mareas y tienen suficientes reservas de agua para permanecer al descubierto. A continuación viene el nivel infralitoral, caracterizado por las especies que necesitan estar cubiertas de agua permanentemente. Siguiendo el orden encontramos el nivel circalitoral, en el que los vegetales ya no son los individuos dominantes; el batial, que corresponde al talud continental (entre 200 y 2 000 m); el abisal, para las llanuras profundas (más de 2 000 m); y por último el nivel hadal, propio de las fosas oceánicas (más de 6 000 m).

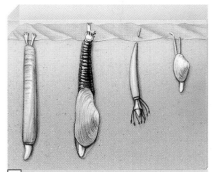

Los moluscos excavadores protegen sus cuerpos y sus frágiles branquias de los granos de arena. El agua, que contiene oxígeno y partículas nutritivas, sale y entra por dos estrechos orificios, llamados sifones.

Las migraciones

Cuando el alimento escasea o la temperatura desciende y amenaza el futuro de la progenie, muchas especies pelágicas efectúan migraciones lejos de su zona de origen.

Miles y miles de kilómetros

Muchos peces pelágicos, para poder reproducirse o alimentarse, deben desplazarse en bancos sobre decenas o miles de kilómetros. En algunos casos constituye un ritual relacionado con las estaciones. En otros, el periplo dura toda la vida, y el individuo sólo vuelve a su punto de partida para procrear, antes de morir. Durante estas migraciones, los peces pueden cambiar el agua marina por el agua dulce, o viceversa. Pero éstas también pueden tener lugar en el océano.

Los arenques, por ejemplo, permanecen siempre en aguas con una salinidad semejante. Los que se reproducen de agosto a septiembre en Escocia ponen a continuación rumbo al Suroeste de Noruega, otros se agrupan de noviembre a enero en las costas francesas antes de pasar el verano en el centro y el norte del mar del Norte, etc. De la misma forma, el bacalao de los mares árticos desciende en invierno hasta Noruega, antes de remontar hacia el Norte en primavera. El atún vive cambios más importantes: el atún blanco y el atún rojo dejan al principio del verano las aguas cálidas natales (las Azores y el Mediterráneo, respectivamente) para alcanzar el Gran Norte donde abundan las presas.

Del mar al agua dulce, y a la inversa

El cambio es aún más radical para el salmón y la anguila. Los salmones, que viven en el mar, en las frías aguas de las altas latitudes, alcanzan la costa para ir a poner sus huevos en los torrentes de montaña. Por ello, deben adaptarse a fuertes modificaciones de la salinidad, y ser capaces de remontar la corriente. Sus alevines se dejan arrastrar hasta el mar, antes de alcanzar tres años más tarde las poblaciones asiáticas y americanas de salmones. Cuando llegan a la madurez, el salmón vuelve a su río natal para reproducirse. Las anguilas lo hacen al revés: dejan los cursos de agua a la edad de 10-15 años para dirigirse hacia el mar de los

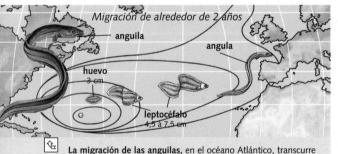

Migración de alrededor de 2 años

anguila

angula

huevo
3 cm

leptocéfalo
4,5 a 7,5 cm

La migración de las anguilas, en el océano Atlántico, transcurre en los dos sentidos. En primer lugar, hacia el mar de los Sargazos, donde ponen los huevos, y después hacia las costas europeas, donde remontan los ríos y alcanzan la madurez.

🐋 **La ballena jorobada,** o megáptero, realiza todas sus migraciones en el océano. A diferencia de las anguilas, no necesita adaptarse a un cambio de medio (agua dulce-agua salada).

Sargazos. Allí, de sus huevos, nacen jóvenes larvas aplanadas y transparentes. Éstas, arrastradas por la corriente, se metamorfosean y después se acumulan por millones en la desembocadura de los ríos.

Gusanos, gambas, tortugas, ballenas...

Además de los peces, los gusanos, los crustáceos, las tortugas marinas y los mamíferos marinos también se desplazan en olas migratorias. Las migraciones de las ballenas han sido muy estudiadas. Se sabe que pasan el verano en las aguas frías del Ártico o del Antártico, donde ingurgitan toneladas de plancton. En invierno las ballenas toman la dirección de las aguas cálidas (océano Índico, mares de Indonesia, noroeste de África, golfo de Adén, golfo de Bengala), donde se reproducen y alimentan a sus crías, antes de emprender con ellas el camino de vuelta. La ballena jorobada (*Megaptera novaeangliae*) es una de las mayores viajeras. Algunas poblaciones del Pacífico se alimentan en las aguas heladas (4 °C) pero muy ricas del Antártico, y después remontan a lo largo de las costas occidentales de América del Sur para tener sus crías en las aguas cálidas de América Central.

La vida en el océano

En la oscuridad abisal

La vida es difícil en las grandes profundidades del océano.
Los animales de las profundidades abisales deben resistir la enorme
presión del agua, y paliar con su astucia la falta de alimento.

Condiciones extremas

Después de algunos cientos de metros de profundidad, la luz desaparece totalmente. Al mismo tiempo, la temperatura desciende hasta los 2 °C sobre los 1 000 m de profundidad. La materia viva que se crea en la superficie sólo llega al fondo marino por los desplazamientos de grandes organismos pelágicos, o bien en forma de «nieve marina» (cúmulos de deyecciones, secreciones, cadáveres, etc.). Además, la presión aumenta al ritmo de una atmósfera cada 10 m, por lo que se alcanzan rápidamente valores cien veces más elevados que en la superficie. Es comprensible que, en estas condiciones, el desarrollo de la vida sea limitado.

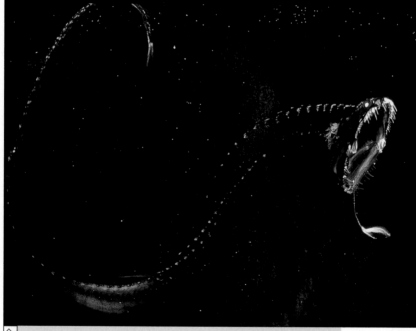

Mandíbulas desmesuradas, filamentos para pescar y órganos luminiscentes:
este pez (*Idiacanthus*) está perfectamente adaptado a la vida en el medio abisal.

Para evolucionar en los abismos submarinos, los organismos han tenido que adaptarse a las condiciones del medio. Normalmente, los peces están dotados de un pequeño saco lleno de gas (vejiga natatoria) que les permite mantenerse a cierta profundidad. Pero, después de los 2 000 m, carecen de él , lo que les permite resistir la presión.

También el sentido de la vista debe modificarse. Algunos seres abisales están equipados con el mismo sistema que los soldados para ver en la oscuridad: los rayos infrarrojos. Además, disponen de tácticas ingeniosas tanto para conseguir alimento como para reproducirse.

Todos los medios son válidos

Algunos peces, como el pejesapo abisal (*Melanocetus*) disponen de auténticas cañas de pesca: se trata de filamentos al final de los cuales cuelga un órgano luminoso. Cuando este órgano se agita, las presas creen que se trata de «nieve marina». Y, al precipitarse hacia ella, caen en la boca provista de largos dientes afilados del depredador. A veces, esta enorme boca se abre a un estómago extensible que le permite tragarse presas más grandes que él mismo.

La táctica de los moluscos nadadores de los grandes fondos es semejante: poseen un largo filamento mucoso en el que se engancha todo lo que se acerca. En la oscuridad abisal, la reproducción es particularmente difícil, ya que las parejas son escasas.

Muchos peces tienen órganos especializados, los fotóforos, que producen luz. Algunos llaman la atención de sus parejas mediante rayos luminosos. Pero existen soluciones más radicales: los machos del pejesapo abisal viven parásitos sobre la hembra; minúsculos y atrofiados, su función se reduce a ser un depósito de espermatozoides. Cada especie animal y vegetal tiene su propio sistema para asegurar su supervivencia en condiciones tan difíciles.

Los oasis de las profundidades

En 1979, los investigadores descubrieron oasis de vida a 2 500 m de profundidad en las dorsales de las Galápagos, coincidiendo con las fuentes de agua caliente. Alrededor de columnas de basalto, proliferaban colonias de gusanos, mejillones gigantes, cangrejos, anémonas de mar, esponjas, galateas. Los fluidos sulfurosos emitidos por las fuentes hidrotermales eran la causa de esta abundancia, ya que permitía a las bacterias desarrollarse. Éstas encontraban protección en los gusanos gigantes, desprovistos de tubo digestivo (Riftia), y a partir de ellas, se establecía toda una cadena de organismos. Posteriormente se han descubierto oasis submarinos en todo el mundo.

Los arrecifes coralinos

Las aguas de los trópicos son pobres, excepto en zonas donde los corales han edificado los arrecifes. Éstos acogen a miles de especies, y se consideran uno de los lugares más ricos del planeta.

Miles de millones de pólipos

Los pólipos son seres minúsculos y rudimentarios, emparentados con las medusas. Viven fijados al fondo rocoso, a menudo en los flancos de una isla volcánica. Presentan el aspecto de pequeños sacos, encerrados en un esqueleto calcáreo, que se abren en su extremo superior en una boca coronada de tentáculos. Como forman colonias de miles de millones de individuos, las estructuras calcáreas de los pólipos se agregan en espectaculares formaciones, que se desarrollan a una velocidad de un centímetro por año: son los arrecifes coralinos. Con el paso del tiempo, los lados del volcán ceden bajo el peso del coral y se hunden bajo el nivel del mar: el arrecife es ahora un atolón, único relieve emergido de forma espectacular en la zona de alrededor de la laguna.

Una isla y muchos arrecifes

Alrededor de una isla volcánica, se distingue generalmente, desde tierra firme hacia alta mar, un arrecife en la franja de la costa, donde el agua es poco profunda y bastante tranquila y cálida, después una laguna, que las arenas coralinas tienden a rellenar, y por último un arrecife barrera, situado a varios kilómetros de las costas y frente al mar. Las bahías pueden formar aberturas, entonces el agua circula en la laguna por canales paralelos a las orillas.

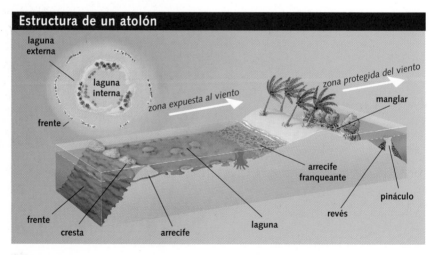

Estructura de un atolón

laguna externa

laguna interna

zona expuesta al viento

zona protegida del viento

manglar

frente

arrecife franqueante

pináculo

frente

cresta

arrecife

laguna

revés

Distribución de arrecifes coralinos en el mundo

Océano Atlántico

Océano Pacífico

Ecuador

Océano Índico

Arrecifes coralinos

Los corales proliferan en las aguas cálidas (más de 18 °C), donde la temperatura apenas varía (oscilación máxima de 3 °C). Para vivir no necesitan sales nutritivas, es suficiente con un agua limpia y una buen iluminación. Ello es debido a que viven en simbiosis con algas unicelulares de las que obtienen el oxígeno y el alimento, y que aceleran el depósito de caliza en su esqueleto. A cambio, los corales les proporcionan refugio y algunos de los ingredientes necesarios para la fotosíntesis como dióxido de carbono, nitrógeno y fósforo, producidos por su metabolismo, que enseguida son reciclados por las algas.

Arrecifes en peligro

Corales dinamitados en las zonas de pesca, contaminación por las aguas residuales, extracción de las más bellas especies de coral para los coleccionistas o la joyería y, desde hace algunos años, muerte en masa de los corales debido al calentamiento mundial de las aguas. Son muchos los factores que ponen en peligro el futuro de los arrecifes coralinos.

Una multitud de especies

Las partes del arrecife situadas frente al mar están expuestas a la acción de las olas: en ellas se acumulan bloques de coral muerto, en cuya cima se forma una corona de algas. Las brechas dejan penetrar el agua en las zonas más tranquilas, y por tanto más cálidas. En estas áreas se distri-

buyen varias comunidades de especies: las algas dominan los lugares donde la corriente es fuerte, mientras que las anémonas de mar y los madreporarios predominan en las aguas tranquilas y poco profundas. En este medio se instala una multitud de especies en busca de refugio.

Se estima que unas 500 000 especies pueblan los arrecifes coralinos de todo el mundo. La competencia es dura: algas, esponjas, corales, gorgonas, anémonas y moluscos deben encontrar su lugar. Una gran cantidad de peces multicolores con nombres evocadores (pez loro, pez ángel, pez mariposa) se encuentran en este entorno. También los depredadores abundan en este paraíso: tiburones, meros, barracudas, y muchos otros carnívoros de apariencia inocente.

El Pez payaso vive en perfecta armonía con la anémona de mar, que lo protege de los depredadores.

En los océanos y los mares se desarrolla una fuerte actividad comercial y pesquera. A pesar de que las capturas a escala mundial se hallan estancadas desde hace veinte años y de que muchas pesquerías están amenazadas, las aguas del oeste del Pacífico y las del océano Índico todavía son ricas en pesca. Por otra parte, la acuicultura ha experimentado un gran desarrollo, en particular en los países de Asia. Y el mar cuenta con muchos otros recursos: arena y grava, petróleo, sal, metales preciosos... Pero existe la gran tentación de servirse libremente y sin control de estos recursos. Por este motivo las Naciones Unidas han establecido una serie de normas.

La pesca se practica especialmente cerca de las costas, donde los peces son más abundantes.

La explotación de los océanos

Los transportes marítimos

La competencia de las compañías aéreas ha reducido el transporte de pasajeros por mar, pero no así el de mercancías. Las ventajas que ofrecen los buques son un gasto moderado de energía, gran capacidad de carga y tripulación reducida.

Pueblos y mercancías

Diez siglos antes de nuestra era, los fenicios ya comprendieron la importancia de los barcos mercantes para el trueque de telas, perlas, incienso y especias orientales por oro, plata, plomo o azufre de los habitantes del otro lado del Mediterráneo. Gracias a simples piraguas, poblaciones venidas de América pudieron llegar hasta Tahití en el siglo v, cuando otras procedentes de Indonesia, de Melanesia e incluso de Japón invadieron las islas de Micronesia... En la actualidad, los transatlánticos realizan sobre todo cruceros de placer y transportan a más de 10 millones de pasajeros por año. Los océanos en cambio registran un gran tráfico comercial, ya que 5 millones de toneladas de mercancías transitan cada año por sus aguas. La flota mundial está formada aproximadamente por 90 000 barcos de flete y emplea a casi 1,2 millones de personas.

Este buque de carga que sale del puerto canadiense de Vancouver es uno de los 90 000 navíos que se dedican al transporte marítimo de mercancías.

Gran capacidad y modernos equipamientos

El tráfico marítimo, en otro tiempo muy intenso en el Atlántico, se ha desplazado hoy hacia el Pacífico. En el intervalo, los barcos han aumentado sus dimensiones y se han equipado con el GPS, un sistema de comunicación por satélite que indica su posición exacta. No obstante, el compás magnético, el girocompás y el sextante se siguen utilizando, sobre todo en las zonas de guerra donde las informaciones pueden ser confusas. La información meteorológica proporcionada por los satélites e instrumentos como radares, sondas y correderas, facilitan la navegación, pero no pueden reemplazar la experiencia de los marinos, cuyo número se ha reducido en los buques modernos.

Los tornos y las grúas con los que están equipados los navíos permiten llevar a cabo la carga y descarga de millones de tonelada de mercancías en tan sólo unas horas.

Buques especializados

Los buques mercantes no se parecen en nada a los clípers que acumulaban todo tipo de carga en sus bodegas. En la actualidad, hay una abundante división según su especialidad: de carga general, petroleros, mixtos para mineral y petróleo, para mineral, para el transporte de líquidos, carboneros, fruteros, frigoríficos, portacontenedores, etc.

El petróleo, las materias primas y los productos agrícolas (minerales, carbón, cemento, cereales, madera...) depositados a granel en los buques representan el 60 % del tonelaje mundial. La parte restante la forman las mercancías —almacenadas en los contenedores o en los palets de los camiones embarcados—, el metano y los productos químicos. La cantidad de toneladas transportadas se ha cuadruplicado a lo largo de treinta años.

Los pabellones de conveniencia

La flota mundial está formada por pabellones: el de Panamá va a la cabeza, seguido por el de Liberia, Grecia, Chipre, las Bahamas, Noruega, Japón, Malta y Singapur. Estados Unidos, Hong Kong o diversos estados de Europa prefieren explotar sus buques bajo estos pabellones y beneficiarse así de medidas fiscales ventajosas, de mano de obra barata y de una reglamentación menos exigente. Desafortunadamente, esta situación provoca que se mantengan en servicio buques poco seguros. Los pabellones de conveniencia son muy criticados en la actualidad por los países en vías de desarrollo para los que constituyen un obstáculo.

> **LÉXICO**
>
> **[Compás giroscópico]**
> Aparato eléctrico de orientación constante, conectado al piloto automático.
> **[GPS]**
> *Global Positioning System:* navegación por satélite, que utilizan los satélites americanos Navstar.

Mapa *(páginas siguientes)*

Aunque el número de navíos tiende a disminuir, las grande líneas de flete se mantienen. En cuanto a la pesca, por el contrario el océano Atlántico ha sido superado por el océano Pacífico, el único que registra todavía un importante aumento de capturas, especialmente en China y en Perú. En lo referente a la acuicultura, domina claramente Asia, con un 85 % de la producción mundial.

La explotación de los océanos **85**

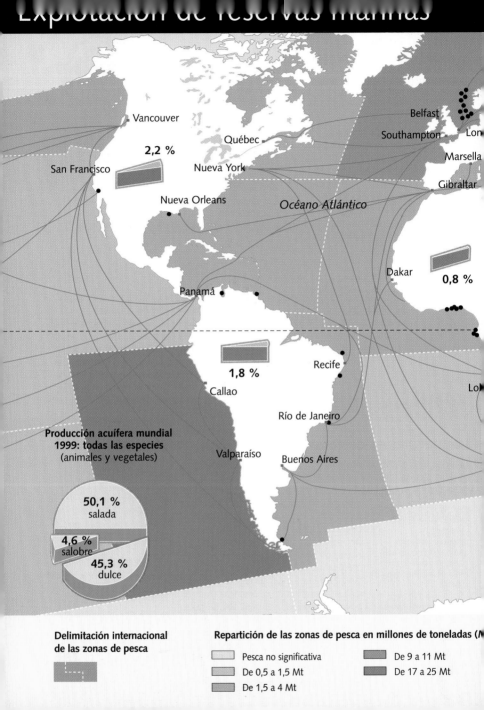

Explotación de reservas marinas

Vancouver

2,2 %

San Francisco

Québec

Nueva York

Nueva Orleans

Océano Atlántico

Belfast

Southampton   Lon

Marsella

Gibraltar

Dakar

0,8 %

Panamá

Recife

1,8 %

Callao

Río de Janeiro

Lo

Producción acuífera mundial
1999: todas las especies
(animales y vegetales)

Valparaíso   Buenos Aires

50,1 %
salada

4,6 %
salobre

45,3 %
dulce

**Delimitación internacional
de las zonas de pesca**

Repartición de las zonas de pesca en millones de toneladas (M

Pesca no significativa

De 0,5 a 1,5 Mt

De 1,5 a 4 Mt

De 9 a 11 Mt

De 17 a 25 Mt

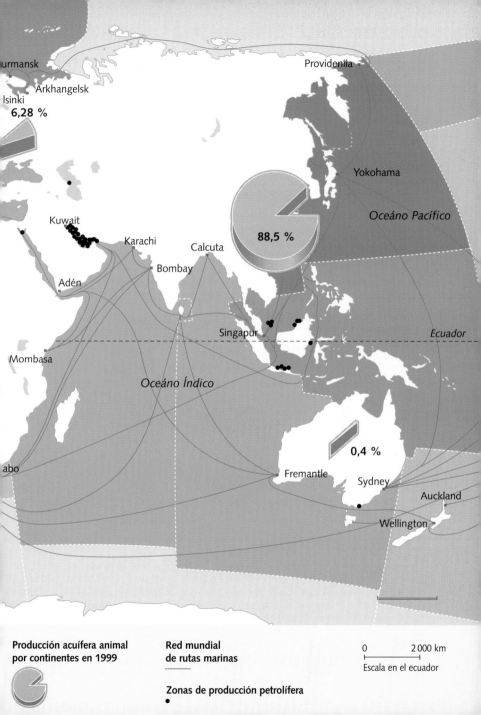

urmansk

Arkhangelsk

lsinki

6,28 %

Providenila

Yokohama

Oceáno Pacífico

Kuwait

Karachi

Calcuta

Bombay

88,5 %

Adén

Singapur

Ecuador

Mombasa

Oceáno Índico

0,4 %

abo

Fremantle

Sydney

Auckland

Wellington

**Producción acuífera animal
por continentes en 1999**

**Red mundial
de rutas marinas**

0   2 000 km

Escala en el ecuador

Zonas de producción petrolífera

La pesca en crisis

La pesca mundial está estancada desde la década de 1980, sobre todo en las aguas templadas y frías. Sólo las aguas del océano Pacífico central y occidental y las del océano Índico oriental parecen mantener su riqueza pesquera.

Las reservas de peces disminuyen

Hasta finales del siglo XIX, las capturas mundiales de peces, moluscos, crustáceos y otros productos de la pesca sumaban 5 millones de toneladas por año. En la actualidad, la cantidad es casi veinte veces mayor: en 1999 se capturaron 92,3 millones de toneladas para un rendimiento máximo teórico de 100 millones de toneladas por año.

Tras esta aparente progresión se aprecia un estancamiento: con 18 millones al comienzo de la década de 1950, las toneladas aumentaron un 6 % por año hasta 1969, después sólo un 2 % en las décadas de 1970 y 1980, para estabilizarse en un nivel que no ha variado después. La pesca no ha disminuido, ya que las prácticas artesanales sufren la competencia de barcos-factoría que localizan los peces con instrumentos de detección, pero la explotación tiene sus límites.

Producción mundial de pesca y acuicultura

Las cantidades indicadas para la acuicultura antes de 1984 son estimadas (en millones de toneladas)

Fuente: FAO

■ Producción pesquera ■ Producción de acuicultura

China en el primer puesto

China es el primer país en capturas, con un 20 % del total de las realizadas en 1998. Le siguen Japón, Estados Unidos, la federación rusa, Perú, Indonesia, Chile, India, Tailandia y Noruega. En 1998, las capturas de pescado fueron de 86,3 millones de toneladas, es decir, un 8 % menos con relación a las del año precedente. Este retroceso pone de relieve la importancia del fenómeno de El Niño del año 1997-1998: menos ricas en sales nutritivas, las aguas costeras de Perú albergaban menos peces y el volumen de capturas descendió de 17 millones de toneladas a 8 millones entre 1996 y 1998. También es un indicador de la

⌖ **En el noreste del Atlántico,** las reservas disminuyen. Una muestra de ello es que el nivel de capturas se ha mantenido desde la década iniciada en 1970.

dependencia de cada zona de pesca de una o dos especies: la anchoa en Perú y la caballa de Chile en el Pacífico sur, la merluza en Alaska y la anchoa japonesa en el Pacífico noroccidental, el bonito listado y el atún de aleta amarilla en el océano Pacífico centro-occidental, etc.

Auge de las capturas en las aguas tropicales

Durante mucho tiempo, los mares templados y fríos del hemisferio Norte han sido las zonas preponderantes de la pesca mundial. Todavía mantienen un lugar importante: con 36 millones de toneladas, las regiones noroccidentales del Pacífico y nororientales del Atlántico suministraron en 1998 cerca del 40 % de la producción total. Pero la pesca en estas zonas ha comenzado a disminuir. La producción en el noreste del Atlántico se mantiene en 11 millones de toneladas desde la década de 1970. Las capturas de merluza en Alaska han pasado de 6 millones de toneladas, en la década de 1980, a 4 millones en 1998. Por el contrario, las capturas correspondientes a las zonas cálidas y tropicales no deja de crecer y se observa un aumento en el Pacífico centrooriental (9,3 millones de toneladas en 1998), debido sobre todo a los bancos de atún, pero también a otros tipos de peces (sardinela, mújol, bonito, etc.), moluscos (varias especies de almeja, sepia) y crustáceos (gambas).

La explotación de los océanos **89**

La creación de reservas pesqueras

Según las previsiones, la parte centrooccidental del océano Pacífico y el este del océano Índico son las zonas con mejores recursos pesqueros en el futuro: estas zonas alcanzaron niveles récord en 1998. La situación refleja también una sobreexplotación de los recursos (en particular en el Antártico y el Atlántico suroriental y noroccidental). Sobre los 441 *stocks* de pesca evaluados por la FAO, el 9 % están agotados, el 15-18 % sobreexplotados, y el 47-50 % ya totalmente explotados: en las tres cuartas partes de los viveros mundiales se deben establecer restricciones para asegurar su renovación. Por otra parte, es ilusorio esperar que se puedan encontrar nuevas zonas de pesca: el 87 % de la biomasa total de peces y de otros animales marinos comestibles se encuentra en las aguas litorales o en las zonas de afloramiento de aguas frías ricas en sales nutritivas, que sólo representan el 2 % del volumen de agua de los océanos.

Principales especies pescadas en el Atlántico Norte

sardina

bacalao

atún

arenque

caballa

Las zonas de pesca están ya reglamentadas, se han impuesto cuotas, el número de barcos se ha reducido y se controla el tipo de redes... Pero es evidente que todas estas medidas no son suficientes. Los investigadores preconizan la creación de reservas para proteger las especies.

Las zonas de pesca

La gran mayoría de los productos de la pesca provienen de las plataformas continentales. Aunque el atún, por ejemplo, se pesca en alta mar (albacora, bonito listado, atún blanco). Para dar cuenta de la evolución de los *stocks*, la FAO no se ha basado en esta diferencia. Ha dividido el océano mundial en 16 zonas, definidas arbitrariamente por sus latitudes y longitudes: seis para el Atlántico, seis para el Pacífico, dos para el océano Índico, una para el mar Mediterráneo y el mar Negro, y una para el océano Antártico.

Como es difícil que los pescadores acepten estas disposiciones, el problema no es fácil de solucionar. Tampoco en la idea de las reservas se ha avanzado mucho: en la actualidad existen sólo cien, y cada una de ellas cubre unos 12 km^2, es decir, menos del 0,01 % de la superficie total de los océanos.

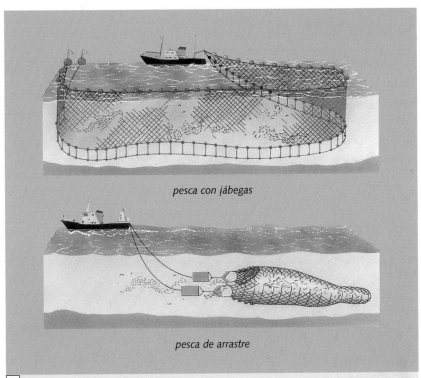

pesca con jábegas

pesca de arrastre

Las técnicas de pesca varían según el tipo de especies que se quiera capturar: la jábega se adapta a los peces de superficie, y la pesca de arrastre a las especies que se encuentran en el fondo.

Diferentes tipos de artes y aparejos

Los pescadores utilizan redes, cañas, redes barrederas y nasas. Las redes pueden tener forma cónica y ser remolcadas por uno o dos barcos sobre el fondo o en alta mar: son las traínas. A veces, son arrastradas de forma que rodeen los bancos de peces que nadan en la superficie. En cuanto a las cañas, están provistas de uno o varios anzuelos fijados directamente a la caña o sujetos por hilos secundarios llamados palangres. Por último, los pescadores disponen de redes de arrastre metálicas para recoger los moluscos del fondo marino y nasas para atrapar los grandes crustáceos.

La pesca de agua dulce

Las cifras sobre pesca mundial facilitadas por la FAO incluyen las capturas procedentes del mar y las de agua dulce. El volumen de estas últimas es considerable: en 1999 fue de 8,2 millones de toneladas, es decir, casi el 9 % del total de capturas. Además, no deja de aumentar: en 1994 sólo representaba 6,7 millones de toneladas. China ocupa el primer lugar, con cerca del 30 % del total de capturas.

Cultivar el mar

La acuicultura, en pleno auge y cada vez más industrializada, proporciona mejillones, ostras, algas o peces, en una cantidad que supone el tercio de los productos del mar.

Una práctica ancestral

La cría en el medio acuático es una actividad que se practica desde muy antiguo en Asia, y ya era conocida por los griegos y los romanos en la Antigüedad. Cuando se percataron de que los peces jóvenes, los moluscos y los crustáceos penetraban en las lagunas y estanques costeros para crecer en ellos antes de dirigirse al mar, nuestros antepasados tuvieron la idea de atraparlos. En la actualidad, el artesanado deja paso a la industria, que obtiene cerca de 33 millones de toneladas de producto por año.

La ostricultura (cría extensiva de ostras) es una actividad muy desarrollada en Europa occidental y en muchos países de Asia (en la fotografía, Japón).

Crecimiento de las jóvenes larvas

Extraídas del mar u obtenidas en las instalaciones de cría, las larvas son retenidas para su crecimiento en zonas controladas. Esta acuicultura, llamada extensiva, se practica con la carpa en Europa del Este y en China, con especies de agua salobre en Asia, con el mújol, la dorada y la lubina en los *valli* italianos y, con la gamba, en toda la región indopacífica. Los mejillones, ostras y almejas se crían de la misma forma en todo el mundo (España, Francia, Japón, Estados Unidos...). No obstante, la acuicultura intensiva tiende a imponerse para sustituir, con el tiempo, a la acuicultura extensiva.

Estos alevines de salmón criados en estanques encuentran protección en las algas sintéticas.

La industria de la cría de peces

El sistema intensivo se aplica sobre todo a los peces y en particular al salmón, que se alimenta con harinas de bajo valor comercial, en estanques en los que se provoca una fuerte corriente de agua fría (máximo 18 °C). Noruega va a la cabeza en este terreno: produce desde 1996 más de la mitad de las 618.000 toneladas de salmón de cría. Está previsto que en un futuro próximo, la trucha arco iris, la anguila, la dorada y la lubina, se puedan producir de la misma forma. Pero la cría en masa presenta todavía algunos problemas: la reproducción no está perfeccionada y la alimentación resulta cara.

Los mayores productores

China es líder en materia de acuicultura. Este país suministró en 1998 cerca de 27 millones de toneladas de productos, por delante de India (2 millones), Japón (1,3), Filipinas (955.000 toneladas), Indonesia (814.000), la república de Corea (797.000), Bangladesh (584.000), Tailandia (570.000) y Vietnam (538.000). En total, los otros países sumaban 4,8 millones de toneladas. Pero su valor comercial (12.500 millones de dólares) sólo era la mitad del de China (25.000 millones de dólares).

LÉXICO

[Acuicultura extensiva]
Cría en medio natural que necesita grandes cantidades de agua, de lo que deriva un bajo rendimiento.

[Acuicultura intensiva]
Cría de fuerte rendimiento en estanques de tamaño limitado, que necesitan aportes nutritivos exteriores al medio.

Predominio de las algas

En la actualidad, un 60 % de la acuicultura se realiza en agua dulce. El agua salobre tan necesaria para las gambas japonesas sólo se utiliza en un 6 % de los criaderos. En cuanto a las aguas marinas, producen cerca de 11 millones de toneladas (35 % del total), básicamente algas y en menor medida moluscos. Las algas, de consumo tradicional en Asia, se utilizan también para la alimentación del ganado, la agricultura, la horticultura, la farmacopea, la industria agroalimentaria... Se cultivan a gran escala, sembrándolas en redes flotantes de varios kilómetros de largo y muchas especies ya han sido estudiadas para su explotación. Su desarrollo preocupa menos que el de la cría de peces, una actividad que genera contaminación. Además, su consumo va en aumento en Occidente.

Los tesoros del océano

Además de los organismos vivos comestibles, el océano contiene otras riquezas tanto en sus aguas como en sus fondos: sal, bromo, magnesio, gas y petróleo son las más codiciadas.

La técnica de las salinas

En las salinas (en la fotografía, Francia), se favorece la evaporación del agua del mar haciéndola circular por una serie de estanques.

Ya en el neolítico, el hombre se interesaba en la extracción de la sal. En el Mediterráneo se recogía simplemente la sal acumulada en las orillas de los numerosos lagos salados. En la alta edad media, se tuvo la idea de favorecer la evaporación del agua del mar para recoger la sal, haciendo circular el agua por una serie de estanques llamados salinas. La técnica se ha ido perfeccionando, ajustando la circulación hidráulica y dividiendo los grandes estanques iniciales en unidades más pequeñas. Ésta resulta muy eficaz en las regiones cálidas y secas como las orillas del mar Negro, el mar Mediterráneo, el golfo de California, el mar de Omán, los mares interiores del este y sudeste de Asia... Junto con la sal también se extrae bromo, el 90 % del cual procede del agua de las salinas, y magnesio, un 60 % del cual es de origen marino.

Las plataformas *off-shore*

Desde 1947 se conocen los procedimientos que permiten extraer el petróleo acumulado en los sedimentos: se trata de la técnica denominada *off-shore*, con sus grandes plataformas. Hasta hace relativamente poco tiempo, sólo se perforaba el suelo de las plataformas continentales hasta 500 m de profundidad como máximo. Pero, en la actualidad, las plataformas construidas sobre el fondo marino han dado lugar a verdaderas estructuras flotantes. En ellas se hacen prospecciones que alcanzan los 2 000 m, a menudo en los deltas de los grandes ríos. En 1999, se extrajeron en total casi 3 000 millones de toneladas de petróleo, un tercio de las cuales procedían de yacimientos submarinos situados sobre todo en los países de Oriente Medio y, los dos tercios restantes, en las aguas de África, Venezuela, Indonesia, golfo de México, Alaska, oeste de Canadá y del mar del Norte.

Un depósito de agua dulce

La desalinización del agua del mar es un recurso importante en aquellas zonas o países que sufren una acusada escasez de agua. Se han desarrollado varias técnicas, basadas bien en procedimientos de evaporación, bien en sistemas de filtros. Y se han instalado muchas fábricas en Estados Unidos, Kuwait, Japón y Australia.

Las plataformas petrolíferas fijas, que extraen el petróleo acumulado en los sedimentos, están siendo sustituidas por estructuras flotantes.

Yacimientos y energías

Los yacimientos minerales de carbón y de hierro se prolongan en el mar. Sin embargo, están menos explotados que en el continente. También se encuentran yacimientos de azufre (en Luisiana se obtiene el 90 % de la producción mundial) y rocas, de las que se extrae fosfato, en las zonas de afloramiento de las aguas profundas (a la altura de la península Ibérica, las costas de Marruecos y de Mauritania en el Atlántico, de California, México y Perú en el Pacífico, etc.). Los lodos y los nódulos ricos en metales comienzan a explotarse en las grandes profundidades, e incluso se piensa en recuperar los minerales de las fuentes hidrotermales de las dorsales. Los lodos proporcionan hierro, cinc, plomo, cobre, oro y plata; los nódulos, manganeso, hierro, níquel, cobre y cobalto. Por último, se piensa en explotar la potencia de las olas o la fuerza de las grandes corrientes e incluso la diferencia térmica entre las aguas profundas y las de superficie para producir energía.

Nódulos metálicos, situados a más de 5 000 m de profundidad.

LÉXICO

[Off-shore]
Técnica de extracción de energías fósiles en las zonas costeras.

[Nódulos]
Acumulación esférica de óxidos metálicos, que con frecuencia se encuentra a más de 3 550 m de profundidad.

La explotación de los océanos **95**

Los derechos de soberanía

Las riquezas del océano suscitan conflictos entre los estados y los profesionales del sector marítimo. Por ello, existe una convención general sobre el derecho del mar, que define su uso.

Conferencias y más conferencias...

En 1958, en Montego Bay (Jamaica), tuvo lugar la primera conferencia de las Naciones Unidas sobre el derecho del mar. Se adoptaron cuatro convenciones, que definían el estatuto y los límites del mar territorial, de la plataforma continental y de las zonas de alta mar y de pesca. Esto dio lugar a numerosas controversias y desembocó en una segunda conferencia en 1960; segundo fracaso: algunos estados que accedían a la independencia veían que su soberanía sobre el mar cubría 3 millas marinas (1,852 km), mientras que otros podían extenderla hasta 200 millas de la costa. Después de intensas discusiones, la convención fue finalmente adoptada en 1982. Pero muchos países (Estados Unidos, Reino Unido, Japón, España...) todavía no han aceptado ratificarla.

> **LÉXICO**
>
> **[Soberanía]**
> Los estados llamados soberanos ponen sus condiciones para el acceso a los recursos, aunque no están investidos del derecho ordinario de propiedad.

Definición de un territorio

La convención fija el límite del mar territorial en 12 millas marinas, es decir, alrededor de 22 km de la costa. Con el objetivo de mantener la seguridad de la navegación y controlar el paso de navíos, el estado ribereño es de alguna forma el «propietario»: puede hacer valer sus derechos sobre la pesca, la investigación y la explotación desde la superficie hasta el subsuelo. Una zona económica exclusiva (ZEE) prolonga este límite hasta 200 millas (300 km), en la que el estado ribereño no puede oponerse a la libertad de circulación ni a la instalación de oleoductos submarinos. Según acuerdos internacionales, el país ribereño puede autorizar a países sin costa a explotar sus recursos. Los países fronterizos delimitan su ZEE mediante una línea mediana, como en el continente.

En caso de marea negra, los propietarios responsables del buque deben reparar los daños. Si su país es signatario de la convención...

Hasta los 300 km de la costa, el estado ribereño se ocupa de la seguridad de los buques, y de conceder la autorización para pescar o explorar el fondo marino.

Las libertades de alta mar

Después de la convención firmada en Montego Bay, la zona de alta mar se sitúa fuera de las aguas territoriales y de la ZEE. Todos los estados, tengan o no litoral, tienen el derecho de circular por ella, sobrevolarla, instalar oleoductos, realizar investigaciones científicas y pescar. Los barcos que se encuentren en alta mar están sometidos a la jurisdicción correspondiente a su pabellón y sólo los barcos competentes de la nacionalidad correspondiente pueden controlarlos; excepto en la represión de la piratería, el tráfico de estupefacientes o en caso de contaminación. El fondo de las aguas de alta mar se considera patrimonio de la humanidad y las concesiones las estudia la Autoridad internacional de los fondos marinos. En el futuro, esta autoridad podría distribuir una parte de los beneficios producidos por la explotación de estos fondos a los países en vías de desarrollo.

La contaminación en el mar

Según la convención de Montego Bay, los estados y la Autoridad internacional de los fondos marinos están obligados a preservar el medio marino. Esta protección se lleva a cabo mediante tratados, sobre todo en las regiones especialmente amenazadas. Dichos tratados obligan al explotador o al propietario de un navío a tomar las medidas necesarias en caso de contaminación, como el tratado de Barcelona para el Mediterráneo, firmado en 1976. Como cada buque depende del estado en el que está matriculado, sólo debe respetar las convenciones firmadas por ese estado.

La explotación de los océanos **97**

Los océanos se extienden de un hemisferio a otro y separan los continentes, con excepción del Ártico y del Antártico, cuya superficie se limita a las aguas polares. El océano Pacífico es el más extenso, el de mayor profundidad y el más antiguo, con una superficie de 180 millones de km^2. Pero el Atlántico, con sus 106 millones de km^2, es el que mejor se conoce, así como el único que se comunica con los dos polos. El océano Índico está limitado al norte por las costas de Arabia, Irán y la India y se encuentra sometido al régimen meteorológico de los monzones.

La uniformidad de los océanos es sólo aparente: cada océano tiene sus propias características que lo diferencian de los otros océanos.

Grandes océanos

El océano Pacífico

Paraíso de arrecifes y de manglares, en el océano Pacífico se desarrolla también una importante actividad volcánica y sísmica. Las corrientes marinas y atmosféricas que en él se producen influyen sobre una gran parte del planeta.

El océano que bate todos los récords

El océano Pacífico es el más extenso de los océanos: cubre casi un tercio de la superficie terrestre, es decir, 180 millones de km^2 con sus mares secundarios incluidos y 147 millones de km^2 sin contar las aguas del Antártico. El Pacífico concentra la mitad del volumen total de agua de la Tierra. Su profundidad media (4 200 m) es la mayor del planeta, y en el Pacífico occidental se registra el punto más profundo: 11 022 m en la fosa de las Marianas. La montaña más alta del mundo no es el Everest, sino un volcán del Pacífico, el Mauna Loa (isla de Hawai), que se eleva a 9 200 m sobre el fondo marino (y a 4.171 m sobre el nivel del mar). El Pacífico es el más antiguo de los océanos (200 millones de años).

Una multitud de arrecifes coralinos

Circulando a modo de un tapiz rodante a una velocidad inigualable (8 a 18 cm por año, mientras que en el Atlántico es de 5 cm por año) desde el eje de cadenas montañosas vol-

Formadas por volcanes submarinos, muchas islas del Pacífico se han transformado en atolones coralinos paradisíacos.

Profundidades del océano Pacífico (m)

0-1 000	5 000-6 000
1 000-4 000	6 000-8 000
4 000-5 000	

Circulación de las corrientes

→

0   2 000 km
Escala en el ecuador

cánicas submarinas (o dorsales) en cuyo nivel se forma, la superficie de basalto del océano Pacífico pasa por encima de los llamados «puntos cálidos»: la roca subyacente, en fusión, da lugar al nacimiento de volcanes que pueden emerger en forma de islas volcánicas, como por ejemplo, los archipiélagos de Hawai, de la Sociedad, de las Carolinas, etc. Alrededor de estas islas se forman arrecifes coralinos que acabarán formando atolones. Otros arrecifes bordean las innumerables islas del océano Pacífico: la Gran Barrera australiana, con 2 400 km de longitud, es la mayor formación coralina del mundo.

Este incendio en Indonesia es consecuencia de la sequía provocada por el fenómeno de El Niño.

Una intensa vida submarina

En contraste con las aguas que los rodean, cálidas y poco saladas, que semejan verdaderos desiertos oceánicos, los arrecifes albergan miles de especies. El océano Pacífico, debido a la diversidad de sus costas y climas, ofrece un gran abanico de posibilidades para la fauna submarina. Así, en el norte de Australia y el sur de China, los manglares acogen gran cantidad de mariscos, crustáceos, peces y reptiles, mientras que a lo largo de las costas americanas las corrientes de aguas frías favorecen el desarrollo de bosques de algas (*kelp*) en los que se encuentran desde pequeños invertebrados hasta lobos de mar, nutrias marinas y leones marinos... En las costas de Perú son importantes los bancos de anchoas, cuya abundancia varía según la influencia de El Niño.

El cinturón de fuego

En el oeste, la placa del Pacífico se encuentra con la placa indoaustraliana y con la de las Filipinas. Esta oposición se manifiesta en una serie de fosas (fosa de las Tonga, de las Marianas, de Japón, de las Kuriles, etc.), en amplias extensiones de islas con volcanes muy activos (Japón, islas Tonga, islas Marianas, etc.) y en la formación de mares marginales que, según sean abiertos (mar del Japón) o cerrados (mar de la China meridional), están asociados a importantes seísmos: este conjunto forma el conocido «cinturón de fuego» del Pacífico, que agrupa en un perímetro de unos 70 000 km más de la mitad de los 1 000 volcanes activos del mundo.

El Niño

Es un fenómeno característico del océano Pacífico, que evidencia la relación entre atmósfera y océano. Recibe este nombre por la época del año en la que se produce (Navidad). Tiene lugar cuando los alisios se debilitan y disminuye la fuerza del viento que empuja las aguas cálidas de la superficie del este del Pacífico hacia el oeste, donde vuelven hacia las costas. Esto provoca grandes sequías en Indonesia y en Australia, y lluvias torrenciales en Perú. Por otro lado, las aguas frías de las profundidades no suben a la superficie como es habitual. Los peces no acuden a las pesquerías y la actividad pesquera resulta perjudicada.

Durante el período de El Niño, se producen lluvias torrenciales en el centro y el suroeste del continente americano.

Un océano «perezoso»

Sometido a lluvias torrenciales en todo el cinturón tropical, el Pacífico recibe también grandes cantidades de aguas poco saladas procedentes del Antártico. La importante evaporación no es suficiente para compensar el aporte, por este motivo el agua del océano Pacífico tiene un bajo contenido en sal. Esto explica que incluso en la región noroccidental, donde las temperaturas son muy frías en invierno, la densidad del agua se mantenga baja.

No obstante, la pesca del atún permite que este océano ocupe un lugar de primer orden en la economía de la pesca y de la acuicultura, actividad practicada en Asia desde tiempos remotos y que desde hace algunos años ha experimentado un desarrollo considerable, gracias al desarrollo de los procesos de industrialización del pescado, que ha reactivado la economía de todos estos países.

El océano Índico

> Limitado al norte por una barrera de continentes, el océano Índico
> es el más pequeño y también el más complejo de los océanos.
> Los monzones son la causa del carácter especial de sus corrientes.

Un océano cerrado en el norte

Limitado al norte por las costas de Arabia, Irán y la India, el océano Índico es el más pequeño de los tres océanos. Ocupa 49 millones de km^2 teniendo en cuenta los mares adyacentes (lo que representa una extensión que agruparía Europa, África y EE.UU.), y 75 millones como máximo si se añaden las aguas antárticas. La profundidad media (3 800 m) se sitúa en un intermedio entre la del Pacífico y la del Atlántico. Esto se explica por el escaso desarrollo de las plataformas continentales y por la presencia de varias fosas en su borde oriental: fosa del Ob y de la Diamantina, en Australia; fosa de Java (7 450 m) y la fosa de la Sonda, en el borde sur del archipiélago de Indonesia.

En el océano Índico se encuentran algunas de las islas más apreciadas por los turistas: Seychelles (en la fotografía).

Relieves característicos

Los relieves característicos del océano Índico son muy particulares: la dorsal no es periférica como en el Pacífico (el famoso «cinturón de fuego»), sino axial como en el Atlántico, y forma tres ramas: una prolonga la abertura del rift africano y las otras dos alcanzan el Atlántico y el Pacífico. Además, numerosos pliegues dividen el océano Índico en muchas cuencas: cuenca arábiga, cuenca de Madagascar, cuenca central, cuenca australiana...

Bajo la influencia de los monzones

En conjunto, el clima del océano Índico es de tipo tropical y está marcado por los monzones. Al norte de Madagascar, la temperatura del aire por encima del océano se mantiene entre 23 y 27 °C. Por el contrario, las precipitaciones varían mucho de un punto a otro

La gran diferencia de salinidad

La lluvias, muy abundantes en la región de Java, tienen como consecuencia una disminución importante de la salinidad: no supera nunca el 34 % en la superficie y puede descender al 30 % en la estación de las lluvias. El clima desértico en las aguas de Australia y el sur de Arabia causa una fuerte evaporación y una salinidad importante: del 36 % en el oeste de Australia, y puede ser superior al 40 % en el mar Rojo y en el golfo Pérsico.

El régimen de los monzones, debido a la inversión de los vientos dominantes, provoca en verano lluvias torrenciales e inundaciones.

del océano. Durante los monzones de verano, las lluvias son abundantes en el golfo de Bengala y a lo largo de las costas del sudeste de Asia. Pero al mismo tiempo, las aguas de Australia y de Arabia sufren un clima desértico. Y, en invierno, el norte del océano Índico se ve sometido a vientos moderados fríos y secos que generan una fuerte evaporación, cuando las regiones situadas por debajo de los 10° de latitud sur son devastadas por los ciclones. Todo esto tiene una gran incidencia sobre la circula-

Arrecifes en abundancia

Al igual que en las aguas tropicales del Pacífico y del Atlántico, en el océano Índico abundan los arrecifes coralinos. Se encuentran a lo largo de las costas del mar Rojo y del este de África, y también alrededor de numerosas islas: las Comores, isla Mauricio, las Mascareñas, las Seychelles, las Maldivas...

ción de las aguas, su riqueza en plancton, la flora y la fauna que puede habitar en ellas.

LÉXICO

[Monzones]
Vientos estacionales de las regiones tropicales que cambian de dirección según la estación. En el océano Índico, el monzón seco de invierno se caracteriza por vientos que soplan desde de tierra hacia el mar; el monzón húmedo de verano sopla desde el océano hacia tierra.

Un régimen de corrientes variables

Las corrientes cambian de dirección en función de las estaciones en la parte norte del océano Índico. Debido a este régimen complejo y cambiante de corrientes, los afloramientos de agua profunda, rica en sustancias nutritivas, se producen en verano a lo largo de las costas orientales de África, mientras que en invierno se producen a lo largo de las costas índicas y en otras regiones del océano Índico.

En consecuencia, las sales nutritivas no suben a la superficie en los mismos lugares a lo largo de todo el año. Esto provoca grandes fluctuaciones, en el tiempo y en el espacio, de la abundancia de fitoplancton.

Abundantes reservas de peces

Como las corrientes son muy fuertes, el fitoplancton es arrastrado a muchos kilómetros de su lugar de origen para generar el desarrollo del zooplancton que, a su vez, favorecerá la proliferación de animales carnívoros. Así pues, resulta que las aguas más ricas en peces se hallan lejos de las zonas de afloramiento de aguas profundas. En ellas se encuentran especies interesantes para la pesca como el atún, la caballa y la sardina, pero también el tiburón, la tortuga de mar, la ballena jorobada, etc.

La pesca es todavía artesanal en una buena parte del océano Índico, sobre todo en las ricas aguas del norte, lo que explica que estas reservas atraigan la atención de numerosos países.

El celacanto, que vive en las aguas profundas de las Comores, es una especie simbólica del océano Índico que fue descubierta en 1938.

El océano Atlántico

En segundo lugar en cuanto a superficie después del Pacífico, el Atlántico es el único océano que comunica con las aguas de los dos polos. En este aspecto, tiene un papel fundamental en el equilibrio hidrológico del planeta.

Una vía de comunicación entre los dos polos

El océano Atlántico limita al norte con el océano Ártico, y al sur con el océano Antártico; debido a esta situación recibe las aguas frías de las dos regiones polares. Se extiende sobre una superficie de 88 millones de km^2 con los mares costeros incluidos. El Atlántico está bordeado por grandes plataformas continentales, sobre todo en su parte norte, que representan cerca del 14 % de la superficie de sus fondos, es decir, dos veces más que en los otros océanos. Por otra parte, una larga dorsal en for-

Numerosos mares costeros

Como consecuencia del desarrollo de las plataformas continentales, el Atlántico está bordeado por numerosos mares epicontinentales: el mar Báltico, el mar del Norte y el mar de Irlanda son algunos ejemplos. Pero también existen mares costeros de mayor profundidad, como el mar Mediterráneo, el mar de los Sargazos y el mar Caribe, y numerosos golfos (golfo de México, golfo de Guinea...).

ma de S se extiende en el centro del Atlántico en toda su longitud. Ésta constituye una larga cadena de relieves submarinos que emerge en diferentes lugares en forma de islas volcánicas (Azores, Islandia...).

Por estas dos razones, la profundidad media del Atlántico (3 300 m) es inferior a la de los océanos Pacífico e Índico. Sin embargo, algunas fosas abisales tienen profundidades considerables (9 225 m en la fosa de Puerto Rico).

El archipiélago volcánico de las Azores.

Profundidades del océano Atlántico (m)

< 200
200-1 000
1 000-2 000
2 000-3 000
3 000-4 000
4 000-5 000
5 000-6 000
6 000-7 000
7 000-8 000
> 8 000

Circulación de las corrientes

0   1 000 km
Escala en el ecuador

Una sucesión de cuencas

Las diferencias de salinidad son especialmente marcadas en el océano Atlántico ya que en algunas zonas localizadas tiene lugar una intensa evaporación (especialmente en el mar Mediterráneo). Por otra parte, este océano recoge la mitad de las aguas dulces del planeta, recibiendo las de algunos grandes ríos (San Lorenzo, Orinoco, Amazonas, Zaire, Níger...). Además, la dorsal medioatlántica está recortada por fracturas y pliegues transversales que separan el fondo en una docena de cuencas. Las aguas profundas circulan por pasos comunicantes de fondo elevado: en ellos pierden densidad y parte de su salinidad. El mismo fenómeno ocurre en los mares costeros. En el Mediterráneo, el agua profunda, con una salinidad del 39,10 % en el extremo oriental, tiene sólo un 38 % a la salida del estrecho de Gibraltar.

⌐ La corriente del Golfo marca el ritmo

En el pasado, las variaciones del flujo de agua de la corriente del Golfo estuvieron ligadas a grandes cambios climáticos en el hemisferio Norte. Hace 100 000 años, las aguas del norte del Atlántico circulaban entre 3 y 5 veces más lentamente que en la actualidad. La deriva noratlántica, que retoma las aguas de la corriente del Golfo para llevarlas hacia el este, se situaba entonces por debajo de los 40° de latitud norte. Europa no podía beneficiarse de sus aguas cálidas.

Gran variedad de climas

Debido a su posición geográfica, su forma y la variedad de climas que abarca, el Atlántico es el más activo de los océanos: por él circulan importantes cantidades de agua de superficie (la corriente del Golfo tiene un caudal de 130 millones de m^3 por segundo), y al mismo tiempo se

Las costas que bordean el Atlántico, el único océano que comunica al norte y al sur con las aguas polares, presentan una gran diversidad de climas.

El Atlántico norte ha sido durante mucho tiempo un paraíso para los pescadores.

forman corrientes de aguas profundas (principalmente en el mar de Noruega). Esta actividad ejerce una gran influencia en la regulación de los climas. El vapor de agua transportado por la corriente del Golfo calienta las costas occidentales de Europa, hasta el punto de que una ciudad como Lisboa presenta en invierno una temperatura media superior en 10 °C a la de Nueva York, que está situada prácticamente en la misma latitud. Por ello, la flora y la fauna son muy diferentes de una costa a otra. También varían de forma considerable en función de la latitud y la naturaleza de las costas: playas arenosas pobladas por crustáceos, moluscos y gusanos arenícolas, costas rocosas cubiertas de algas, fiordos, manglares, arrecifes, etc.

LÉXICO

[Dorsal oceánica]
Cadena de volcanes submarinos originados por el magma procedente del manto terrestre, que forma la superficie rocosa del océano.

[Mar epicontinental]
Mar poco profundo que recubre la plataforma continental del globo terrestre.

Reservas de pesca agotadas

La zona del Atlántico norte es el lugar donde la pesca ha alcanzado mayor desarrollo debido a la gran extensión de la plataforma continental y a los países industrializados que lo bordean. En la actualidad, la actividad pesquera se halla estancada, ya que las reservas de peces (arenque, caballa, sardina, bacalao, atún...) están sobreexplotadas. Por el contrario, la pesca ha experimentado un gran desarrollo en el Atlántico suroccidental, sobre todo en Argentina. En cuanto a la acuicultura, además de la cría extensiva de ostras (Portugal y Francia) y de mejillones (Países Bajos, España, Francia), también produce algas con fines agrícolas o cosméticos, pero también la cría intensiva de peces (como el salmón en Noruega). El océano Atlántico cuenta además con otros recursos explotados desde muy antiguo, como la sal, arenas y grava y, más recientemente, diamantes (Namibia) y petróleo (mar del Norte, costas occidentales de África, golfo de México...).

Los océanos polares

*Los océanos Ártico y Antártico determinan en gran medida
la circulación de las masas de agua del planeta. En su seno
se crean las aguas profundas frías y ricas en sales nutritivas.*

Los «falsos océanos»

En invierno, solo una pequeña parte del océano Ártico
permanece libre de hielos.

El océano Ártico es la parte norte del océano Atlántico. El océano Antártico reagrupa el extremo sur de todos los océanos. En realidad, ninguno de ellos debería llamarse océano. Esto se justifica por su influencia en la circulación de las aguas profundas. El océano Ártico es el más pequeño de los océanos, con 14 millones de km². La superficie del Antártico es mayor: 77 millones de km². Comunica con el Atlántico por un fondo elevado de 500 m de profundidad, que se extiende desde el este de Groenlandia hasta el norte de Noruega, y recibe aguas saladas (cerca de 35 %) y poco frías (de 2 a 9 °C) si se tiene en cuenta las temperaturas de estas latitudes (hasta –30 °C en el polo Norte en invierno). Debido a ello se encuentra permanentemente cubierto por una inmensa capa de agua de mar, un «pack» de hielo de un grosor de unos 3 m. En invierno éste se halla rodeado de una banquisa que se extiende hasta las costas, y sólo queda libre de hielo una pequeña parte del océano Ártico (mar de Barents).

La riqueza de las aguas árticas

En las costas del océano Ártico, la temperatura puede alcanzar los 10 °C. Cuando esto ocurre, un gran número de icebergs se desprenden de los glaciares continentales, y pueden ser un peligro para la navegación. Sin embargo, los pescadores se aventuran en estas aguas porque son ricas en peces. La plataforma continental se extiende sobre un 37 % de la superficie de su fon-

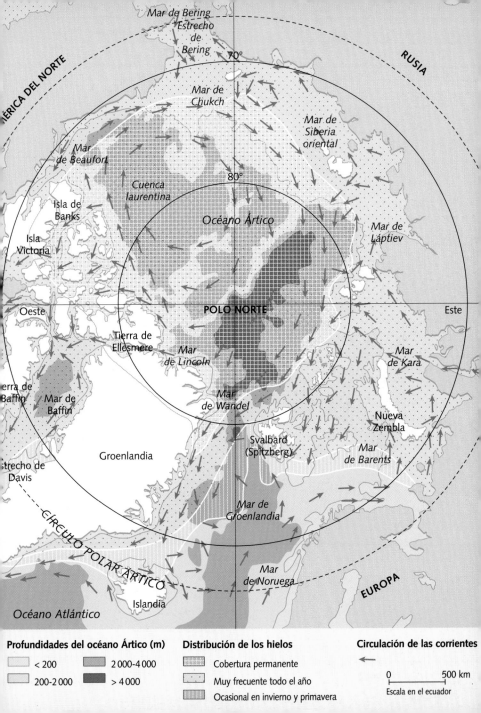

Profundidades del océano Ártico (m)

- < 200
- 200-2 000
- 2 000-4 000
- > 4 000

Distribución de los hielos

- Cobertura permanente
- Muy frecuente todo el año
- Ocasional en invierno y primavera

Circulación de las corrientes

0 — 500 km
Escala en el ecuador

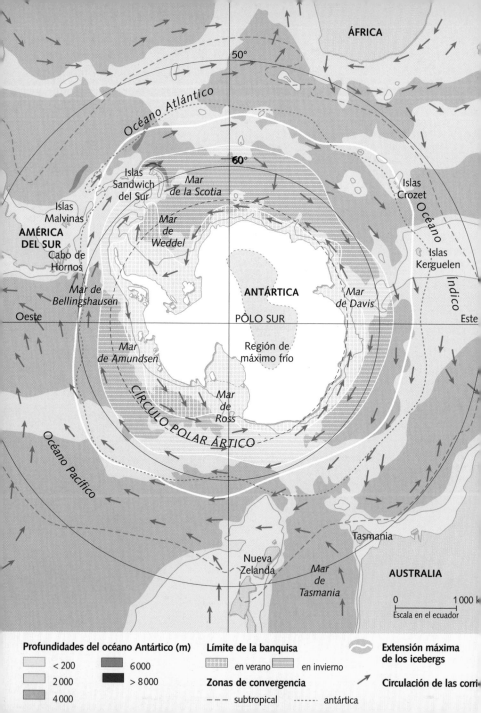

ÁFRICA

50°

Océano Atlántico

60°

Islas
Sandwich
del Sur

Mar
de la Scotia

Islas
Crozet

Océano

Islas
Malvinas

Mar
de
Weddel

Islas
Kerguelen

AMÉRICA
DEL SUR

Cabo de
Hornos

Mar de
Bellingshausen

ANTÁRTICA

Mar
de Davis

Índico

Oeste

PÒLO SUR

Este

Mar
de Amundsen

Región de
máximo frío

CÍRCULO POLAR ÁRTICO

Mar
de
Ross

Océano Pacífico

Tasmania

Nueva
Zelanda

Mar
de
Tasmania

AUSTRALIA

0   1000 k
Escala en el ecuador

Profundidades del océano Antártico (m)

< 200	6 000
2 000	> 8 000
4 000	

Límite de la banquisa

en verano   en invierno

Zonas de convergencia

– – – subtropical   ······· antártica

**Extensión máxima
de los icebergs**

Circulación de las corri

do: desde Alaska hasta Spitzberg, la profundidad es sólo de 50 m hasta 600-700 km de las costas. Sobre esta plataforma se desarrolla el plancton, que atrae a moluscos, crustáceos y otros organismos que sirven a su vez de alimento a numerosos peces de gran importancia económica (bacalao, eperlano, platija, fletán, esturión...).

Aguas frías y saladas

Las aguas del Antártico son muy temidas por los navegantes, que se refieren a los «cuarenta rugientes», «cincuenta furiosos» y «sesenta aulladores» para describir la extrema violencia de sus vientos (de 180 a 360 km/h cerca de las costas).

Plataforma continental desigual

El océano Ártico se caracteriza por una amplia plataforma continental poco profunda. La del océano Austral, alrededor del continente antártico, es estrecha y más profunda (500 m). Ello es debido a que el peso del hielo tiene tendencia a hundir la plataforma continental.

La temperatura de superficie oscila entre 0 y 2 °C en invierno, mientras que en el continente, en esta misma estación, alcanza los –60 °C. La salinidad de las aguas desciende en verano cuando se produce la fusión de los hielos, pero aumenta en invierno hasta el 34,5 %. El agua se hace entonces más densa y se hunde a lo largo de las costas. Esta agua antártica del fondo alimenta la circulación de las aguas profundas de todo el mundo.

LÉXICO

[Pack]
Conjunto de hielos flotantes que acaban formando una placa de forma continua.

En verano se producen cerca de las costas afloramientos de aguas profundas, muy ricas en sales nutritivas. Éstas favorecen el desarrollo del fitoplancton. Los peces, los pingüinos y sobre todo las ballenas se alimentan del krill, formado por multitud de pequeñas gambas. Sin embargo, a causa del frío, muchas especies sólo acuden a estas aguas en verano para alimentarse.

Los pingüinos, huéspedes habituales de la Antártida, se alimentan de krill (pequeñas gambas muy abundantes en las aguas costeras en verano).

La previsión del océano

A partir de la información facilitada por los satélites o recogida por las boyas diseminadas en el océano, en un futuro próximo será posible prever las corrientes y el oleaje, de la misma manera que en la actualidad se realizan los boletines meteorológicos.

Un sistema de satélites

El objetivo es poder anticipar lo que ocurrirá en el océano de la misma manera que se prevé el tiempo que va a hacer. Si la meteorología continental tiene más de un siglo de existencia (el primer sistema meteorológico europeo se creó en 1865), su homóloga oceánica se encuentra prácticamente en sus comienzos: en enero de 2001 se emitió el primer boletín oceánico para el Atlántico norte. En el futuro, será posible seguir prácticamente en tiempo real el conjunto de fenómenos atmosféricos y oceánicos. Los países europeos están en primera línea en la observación y la previsión oceánica, gracias a un sistema de satélites (Topex-Poseidón, ERS1/2 y Jason-1) equipados con radares altimétricos que permiten medir, además de la temperatura y el color del océano, su nivel, la altura y la dirección de las olas y del oleaje. La técnica es sencilla: mediante un número determinado de balizas terrestres, es posible conocer la altitud de los satélites. Los radares con los cuales están equipados emiten ondas hacia el mar: éstas son reflejadas después de un espacio de tiempo que permite calcular la distancia entre el satélite y el mar. Si se resta esta distancia a la altitud del satélite, se obtiene la altura del mar. Por último, se corrige esta altura de acuerdo con los datos relativos a los relieves submarinos, lo que permite deducir la distribución de las temperaturas y de las corrientes.

Al recorrer su órbita alrededor de la Tierra en poco menos de dos horas, estos satélites vuelven a pasar por encima de los mismos puntos cada diez días. En el intervalo, habrán efectuado más de 120 pasadas, y transmitido cada uno de ellos la altura del mar a 7 km. A pesar de esta precisión, los investigadores esperan mejorar la resolución de las cartas que actualmente se elaboran. Estas cartas están ya disponibles para el Atlántico norte en el marco de dos proyectos europeos en los cuales participan Francia, Noruega, Alemania, Países Bajos, Italia e Islandia.

Grandes proyectos internacionales

El proyecto DIADEM se basa únicamente en la información suministrada por los satélites. El proyecto TOPAZ tiene también en cuenta los datos obtenidos por una serie de boyas diseminadas en el Atlántico. Algunas son fijas y están equipadas con resistencias eléctricas que miden la temperatura y la salinidad del agua; también disponen en superficie de sensores meteorológicos que recogen información sobre el viento, la temperatura y la humedad del aire, las precipitaciones y el tiempo de insolación. Otras boyas móviles, se sumergen hasta −2.000 m y vuelven a subir a la superficie al tiempo que registran la temperatura y la salinidad del agua.

Los datos se transmiten regularmente a centros de cálculo, por medio del satélite Argos. Los investigadores disponen además de información facilitada por los instrumentos de medida colocados en los navíos científicos o mercantes. No obstante, todos estos medios se consideran todavía insuficientes para poder elaborar cartas precisas. Por ejemplo, las boyas móviles no se pueden utilizar en las zonas donde la corriente es muy fuerte. Por ello, se trabaja en la fabricación de boyas que podrán sumergirse hasta el fondo y volver a emerger cuando un reloj programado se lo indique. La tomografía acústica, que consiste en enviar ondas de baja frecuencia y escucharlas después en puntos muy alejados, será también de mucha utilidad a gran escala. De hecho, equipos científicos de Australia, Estados Unidos, Francia, Japón, Noruega y Reino Unido trabajan en la actualidad en un sistema de previsión global del conjunto de las aguas oceánicas, en sus tres dimensiones: GODAE (Global Ocean Data Assimilation Experiment).

Previsiones mundiales a largo plazo

Los datos obtenidos por los satélites desde hace una decena de años no permiten establecer siempre modelos fiables a largo plazo. Pero en la actualidad se sabe que fenómenos como El Niño o la oscilación del Atlántico norte (fenómeno atmosférico que causa los temporales que se producen en las costas occidentales de Europa en invierno) no son simples fenómenos anuales, sino que obedecen a ciclos decenales. En 2002, se puso en marcha un amplio programa de investigación y de observación por satélite, en el marco del forum IGOS (Integrated Global Observing System). Este forum reunió a varios centenares de organismos de investigación en torno a un ejecutivo formado fundamentalmente por la Unesco,

LÉXICO
[Altimetría] Técnica que permite medir y cartografiar el relieve del mar en la superficie.
[Órbita] Trayectoria que sigue un objeto alrededor de un cuerpo que lo atrae por gravitación.

por la Organización meteorológica mundial y por el Comité de satélites de observación de la Tierra (CEOS), que representa a veintitrés agencias espaciales internacionales. El IGOS ha puesto en marcha varios grandes programas. El primero permitirá establecer un balance regular del ciclo del agua terrestre y del estado de los recursos de agua en el mundo. Para que esto sea posible, una nueva generación de satélites, denominados Terra y Aqua (un proyecto conjunto de Estados Unidos, Japón y Brasil), Envisat (fabricado por Europa) y Adeos-II (satélite japonés), suministrará un conjunto de datos sin precedentes, tanto en cantidad como en calidad. De esta forma, el satélite Aqua, lanzado en mayo de 2002, puede medir el color del océano, su temperatura y los vientos que actúan en superficie. Este tipo de informaciones deberían hacer posible la previsión con la suficiente antelación de fenómenos como El Niño.

El IGOS pone también en marcha un programa destinado a medir los efectos producidos por el aumento de las emisiones de dióxido de carbono (CO_2). Las previsiones sobre las variaciones del nivel de CO_2 en el aire y el cambio climático implican una mejor comprensión de la circulación de este gas entre la Tierra, la atmósfera y los océanos (se estima que estos últimos absorben entre el 30 y el 50 % del CO_2 emitido por los combustibles fósiles, gracias, esencialmente, al fitoplancton de las aguas marinas superficiales).

Por último, Estados Unidos y Japón lanzarán, en 2007, una constelación de nuevos satélites de medida mundial de las precipitaciones (Global Precipitation Measurement, GPM), equipados para medir cada tres horas las precipitaciones que se produzcan en todo el planeta.

Perspectivas para el debate

Caulerpa, el alga asesina

Una pequeña alga verde, la caulerpa (Caulerpa taxifolia), introducida accidentalmente en el Mediterráneo, constituye una grave amenaza para el medio ambiente, así como para la economía del turismo y de la pesca.

Un alga de origen tropical

En España y en Francia, esta especie se podía comprar por correspondencia, o sencillamente en los acuarios. Los vendedores se proveían en Indonesia, Filipinas, Australia, el mar Rojo, Brasil, Colombia...; todos ellos mares tropicales donde la pequeña alga verde *Caulerpa taxifolia* vive en armonía con otras algas indígenas. Pero inesperadamente, en 1984, hizo su aparición en el mar Mediterráneo, en Mónaco. Y desde entonces no ha dejado de extenderse: localizada desde 1987 en el departamento francés de Var, apareció en 1991 en varios lugares entre el departamento de Alpes-Maritimes y el de Pyrénées-Orientales, al año siguiente en Italia (Livornia y Toscana) y en España (Baleares), después en Sicilia en 1992, en el mar Adriático (Croacia) desde 1994 y en Túnez a principios de 2000. En la actualidad, están afectadas más de 13 000 ha de pequeños fondos y 180 km de costas. Italia es el país que más acusa su proliferación, con una superficie de más de 10 000 ha colonizada por *Caulerpa taxifolia*.

¿De dónde procede la caulerpa?

El origen real de esta «contaminación» es controvertido. La caulerpa fue localizada por primera vez en 1984 por submarinistas, cerca de Mónaco. Aunque en ese momento el alga sólo ocupaba una pequeña superficie (1 m²), los submarinistas quedaron intrigados por esta «mancha verde» en una zona habitualmente desprovista de algas. En 1987, al constatar la rápida expansión de *Caulerpa taxifolia*, algunos científicos, apoyados por el comandante Cousteau, dieron la voz de alarma. El Museo Oceanográfico de Mónaco, señalado como posible culpable, negó cualquier implicación. Se prefirió creer que la caulerpa había llegado como pasajero clandestino, fijada al casco de los barcos procedentes de Florida, o del mar Rojo a través del canal de Suez. Esta discusión tomó rápidamente un tono más político que científico. Los escépticos trataron de minimizar la gravedad del problema, convencidos de que se trataba de una estrategia de los «alarmistas» para obtener créditos y subvenciones para sus investigaciones. Todo esto impidió que se tomara conciencia real de la situación. Cuando en 1992 se pusieron en práctica las primeras medidas para intentar erradicar la *Caulerpa taxifolia*, ya era demasiado tarde para poder eliminarla totalmente. En la actualidad, no se tiene ninguna duda sobre el origen de «el alga asesina». La caulerpa instalada en el Mediterráneo es genéticamente diferente de las cepas salvajes de las regiones tropicales, pero idéntica a una cepa mutante cultivada en algunos de los grandes acua-

LÉXICO
[Indígena]
Se dice de un organismo original o de la región donde vive.

rios de Europa (Stuttgart, Nancy, Mónaco) así como en Hawai y en Tokyo. Al parecer, la caulerpa habría sido ofrecida al acuario de Stuttgart por un particular seducido por su color y su fácil cultivo. Después, algunos esquejes habrían sido cedidos al acuario de Nancy, el cual, a su vez, habría enviado otros al de Mónaco. Un simple descuido durante una limpieza o un vaciado de acuarios fue suficiente para que el alga llegara al mar y comenzara a colonizar su nueva morada.

Diseminada por el hombre

En un primer momento, el alga se extendió a poca profundidad a lo largo de las costas, entre 1 y 14 m, ganando terreno y reproduciéndose por desqueje. Estos pequeños fragmentos, producidos a centenares en cada colonia de *Caulerpa*, se dispersaron desde su lugar de origen gracias a las corrientes. Progresivamente, el alga colonizó primero aguas más profundas (40 a 50 m). Después, debido a la falta de luz, empezó a extenderse en dirección horizontal. Su implantación es particularmente favorable en los puertos deportivos, los fondeaderos y las zonas de pesca. También aquí gracias al hombre. Los fragmentos de esta alga pueden sobrevivir hasta 10 días en las botellas de oxígeno de los submarinistas o en las redes de pesca si permanecen en un lugar húmedo y sombreado. Los barcos anclados o que pescan sucesivamente en zonas colonizadas y sanas, al igual que los submarinistas, constituyen por tanto excelentes instrumentos de diseminación. El éxito de su proliferación se debe también a la ausencia de enemigos naturales. En su medio natural, las aguas tropicales, *Caulerpa taxifolia* está sujeta a todo tipo de enfermedades, parásitos, depredadores y competidores que limitan su expansión. En el Mediterráneo se encuentra libre de todo obstáculo. Además, prolifera tanto en las aguas limpias como en las contaminadas, en medios rocosos, arenosos o fangosos, y soporta bien el frío invernal y el calor. Por tanto, no existen límites para su expansión: es imposible su eliminación con medios físicos o químicos, y, por ahora, no parece existir en el Mediterráneo ningún depredador capaz de solucionar el problema. La caulerpa continúa extendiéndose y provocando el empobrecimiento de los paisajes submarinos (algunos herbarios de posidonias ya han desaparecido para siempre).

Una «peste vegetal»

La expansión de *Caulerpa taxifolia* constituye un gran riesgo para los ecosistemas litorales del mar Mediterráneo. Hasta los 35 m de profundidad, el alga puede formar un tapiz uniforme, de gran densidad, que ocupa el lugar de los herbarios naturales de posidonias. Además, secreta toxinas que no permiten que pueda ser consumida por los animales herbívoros del fondo (peces y moluscos *brouteurs*) y que impiden el desarrollo de sus huevos. La disminución del número de herbívoros conlleva la de los carnívoros, por ello se están estudiando diversas medidas para acabar con esta «peste vegetal» submarina. Una de las propuestas consiste en envenenar las algas mediante el esparcimiento de una solución de cobre. Pero el único método eficaz hasta el momento es la recogida manual por los submarinistas: una empresa titánica, lenta y costosa. Por otra parte, el menor resto de alga dejado por descuido permite que ésta prolifere de nuevo. Probablemente la solución definitiva está en la lucha biológica, que consiste en introducir en el Mediterráneo consumidores naturales de caulerpa (babosas de mar del género *Oxynoe*, originarias del mar Caribe)... con la condición de que éstos no proliferen.

 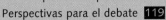

Abisal (zona)
Zona del océano situada a más de 200 m de profundidad.

Alisios
Vientos regulares que soplan todo el año de Este a Oeste sobre el Atlántico y el Pacífico, entre 30° N y 30° S.

Amplitud o subida del mar
Diferencia de altitud entre alta mar y bajamar.

Anticiclón
Centro de altas presiones atmosféricas. Los anticiclones constituyen, junto con las depresiones, los motores de la meteorología.

Acuicultura
Conjunto de actividades relacionadas con la cría o el cultivo de especies acuáticas, en agua dulce, salobre o marina.

Banquisa
Extensión de hielo de un espesor mínimo de 2-3 m, que se origina al congelarse el agua del mar.

Bentos
Conjunto de organismos que viven sobre el fondo marino o en su proximidad inmediata.

Chicharro
Pez muy común en el Atlántico norte, parecido a la caballa, pero cuya carne es menos sabrosa que ésta (género: *Trachurus*; long. 50 cm).

Circulación termohalina
Conjunto de corrientes marinas profundas, muy lentas, que mantienen la circulación de las aguas frías de un océano a otro, y cuyo movimiento es debido a las notables diferencias de temperatura y de salinidad existente entre las masas de agua oceánicas.

Círculos
Grandes remolinos de las corrientes de superficie anticiclónicos (en la región subtropical) o ciclónicos (cerca de los polos).

Coeficiente de marea
Magnitud sin unidad que puede variar de 20 a 120 y que indica la amplitud de la marea.

Convección
Mecanismo de intercambio entre las aguas de superficie y las del fondo, originado por la inestabilidad de las capas de agua.

Convergencia antártica (zona de)
Zona que rodea al continente antártico, en la que las aguas de superficie, más frías y densas, se encuentran con aguas más cálidas y se hunden bajo éstas.

Depresión
Masa atmosférica dominada por bajas presiones y que es el centro de movimientos ascendentes.

Diatomeas
Algas unicelulares microscópicas, protegidas por un esqueleto de sílice, que son muy abundantes en aguas frías.

Dorsal oceánica
Cadena de volcanes submarinos que se extiende sobre miles de kilómetros, en cuyo nivel se forma la superficie rocosa del fondo oceánico.

El Niño
Fenómeno climático originado por un calentamiento anormal del océano, al este del océano Pacífico, en la latitud de las costas de Perú, que ocasiona alteraciones climáticas de alcance mundial.

Fiordo
Antiguo valle glaciar que ha sido invadido por el mar, como los fiordos de Noruega.

Foraminíferos
Organismos celulares microscópicos parecidos a las amebas, pero que viven en una valva calcárea, muy abundantes cerca de los fondos marinos.

Fosa oceánica
Depresión del fondo de los océanos cuya profundidad supera los 5 000 m.

Fótica (capa)
Capa de agua superficial, en la que la energía luminosa es utilizada para la fotosíntesis por las algas y las plantas marinas.

Fotosíntesis
Síntesis de sustancias vitales realizada por las plantas mediante la energía luminosa, agua y gas carbónico.

Fuerza de Coriolis
Desviación que se ejerce en todo movimiento sobre la Tierra debido a la rotación de ésta, hacia la derecha en el caso del hemisferio Norte y hacia la izquierda en el del hemisferio Sur.

Galatea
Género de crustáceos semejantes a los langostinos, pero con el cuerpo más corto y aplanado.

Iceberg
Bloques de hielo que se desprenden de las lenguas de los glaciares continentales.

Inlandsis
Tipo de glaciar, presente sobre todo en las altas latitudes (Antártida, Groenlandia), que oculta el relieve terrestre subyacente.

Lirio de mar
Organismo marino parecido al erizo y a las estrellas de mar, que vive fijado en el fondo de los océanos mediante un pedúnculo.

Manglar
Formación vegetal rica en mangles, característica de las bahías poco profundas de las regiones tropicales.

Marea
Movimiento periódico de ascenso y descenso del nivel del mar debido principalmente a la atracción que ejerce la Luna sobre las masas de agua.

Milla marina
Unidad de longitud utilizada en navegación marítima que correponde a 1 852 metros.

Necton
Organismos pelágicos capaces de oponerse a las corrientes nadando activamente.

Oleaje
Oscilación de la superficie del mar que se propaga en forma de ondas, sin que se produzca transporte de agua.

Pabellón
Bandera que indica la nacionalidad de un barco.

Pelágico
Relativo a las aguas profundas alejadas de la orilla. La zona pelágica es la zona del mar que comprende su totalidad con excepción de las aguas que bañan el fondo y las orillas.

Plancton
Conjunto de organismos animales (zooplancton) o vegetales (fitoplancton) que viven en mar abierto y son arrastrados por las corrientes.

Plataforma continental
Prolongación submarina de los continentes invadida por el agua del mar durante la última gran transgresión marina de la era cuaternaria.

Pólipo
Animal que vive en colonias muy numerosas, fijado sobre el fondo marino o sobre otro animal, y que secreta un esqueleto calcáreo (pólipos de los corales) o de quitina (pólipos de los briozoarios).

Sales nutritivas
Conjunto de sustancias químicas necesarias para el desarrollo de la actividad biológica (nitratos, fosfatos, etc.).

Tectónica de placas
Teoría establecida en el año 1968 para explicar los movimientos de las placas que componen la corteza terrestre.

Termoclina
Zona de las profundidades marinas donde la temperatura del agua desciende más rápidamente. Por lo general se sitúa entre los 100 y 1 000 m de profundidad, y tiende a desaparecer en verano.

Upwelling
Ascenso de aguas profundas que se produce en las bajas latitudes sobre el borde oeste de los continentes, generadas por las aguas de superficie que se dirigen hacia alta mar.

Direcciones útiles

En Europa, muchas ciudades tienen su propio acuario y también hay numerosos museos relacionados con el mar. Aquí ofrecemos sólo una pequeña selección.

Alemania
Museo Altonaer
Norddeutsches
Landesmuseum,
Museumstrasse, 23
Postfach
500125. D-Hamburgo

Bélgica
Acuario Dubuisson
Museo de Zoología
de la Universidad de Lieja
21, quai Van-Beneden,
4000 Lieja

Dinamarca
Museo de antigüedades
vikingas
Strandengen, DK-4000
Roskilde

España
L'Aquàrium
Moll d'Espanya
Port Vell, s/n
08039 Barcelona

Acuarium
Horno, 5
Benidorm
Alicante

Acuarium
Maestro Victoria, 8
28013 Madrid

Acquarium
Punta Moreinas
Reboredo
Pontevedra

Museo Marítimo-
Reales atarazanas
Puerta de la Paz, 1-2
08070 Barcelona

Museo naval
Paseo del Prado, 5
28014 Madrid

L'Oceanogràfic
Ciudad de las artes y las
ciencias
Av. Autopista
de El Saller 1, 3, 5, 7
46013 Valencia

Finlandia
Museo marítimo
de las islas Alands
Alands Nautical Club,
22100 Marienhamm

Francia
Instituto oceanográfico
Centre de la mer
et des eaux, 195, rue Saint-
Jacques, 75005 París

Museo de la Marina
17, place du Trocadero,
75016 París

Gran Bretaña
Aquarium de Londres
County Hall, Riverside
Building, Westminster Bridge
Road, Londres SEA 7 PB

Museo nacional marítimo
Romney Road, Greenwich
SE1Q 9NF

Grecia
Museo marítimo helénico
Akti Thémistokleous,
185 39 El Pireo

Italia
Museo marítimo
Piazza Cristoforo Bonavino,
Villa Doria, 16156 Génova

Mónaco
Museo oceanográfico
Avenue Saint-Martin, 98000
Principado de Mónaco

Noruega
Museo de los Barcos vikingos
Bygdoy, Huk Avenue, 35,
0287 Oslo

Países Bajos
Museo nacional Zuiderzee
Wierddijk, 18
1601 LA Enkhuizen

Portugal
Museo de la Marina
Praça do Imperio,
14000 Lisboa

Oceanário
Parque das Naçôes
1998 Lisboa

Suecia
Museo del buque Wasa
Galävarvet, Djurgärden,
S-11527 Estocolmo

Páginas web

Numerosas páginas web ofrecen abundante información sobre mares y océanos. A continuación se indican algunas direcciones que pueden resultar interesantes.

www.seasky.org

www.oceanlink.island.net

www.nrc.ca/zone/cisti/special/hotlinks/ocenaof.shtml

www.mth.uea.ac.uk/ocean/vl/conferences.html

www.oceansatlas.com

www.jason.oceanobs.com

www.isitv.univ-tin.fr/~~lecalve/oceano/plan.htm

www.educnet.education.fr./obter/appliped/ocean

www.ifremer.fr

www.sb-roscoff.fr

www.cac.es/oceanografic/index.php

www.acuariumbcn.com

www.ieo.es

www.oceanario.pt

www.cousteau.org

www.biologiamarina.com/OCEANOGRAFIA.htm

www.tierra.rediris.es/marinet/divulgacion.htm

www.iim.csic.es/departamentos/oceanografia.html

Índice

Créditos de las ilustraciones

Fotografías

Dibujos e infografías